Das Buch

Mehr Zeit mit der Natur: Sarah Khan nimmt uns mit in diese Sehnsucht. Wie überhaupt das richtige Domizil finden? Wer kann Handwerker empfehlen? Ist das „Häuschen" eigentlich überhaupt irgendwann mal fertig? Täte es nicht auch ein Bauwagen? Nein? Und warum nicht?

Ein persönlicher, oft augenzwinkernder Abgleich von Wunsch mit Wirklichkeit. Mit Tipps für ein gelingendes Teilzeit-Landleben.

Die Autorin

Sarah Khan, 1971 in Hamburg geboren, ist Schriftstellerin und lebt in Berlin. Sie veröffentlichte Romane, Reportagen und Erzählungen, unter anderem *Die Gespenster von Berlin*, *Das Stammeln der Wahrsagerin* (bei Suhrkamp) und zuletzt bei mikrotext als E-Book *Der Horrorpilz* und *Weihnachten mit Hüsniye*.

Sarah Khan

Wochenendhaus
Ein Ort

Inhalt

Rausfahren

Tausendundeine Tüte und viele Taschen warten darauf, dass es losgeht, aber vorher stopfen wir noch mehr rein. Oh Mann, die Butter, fast vergessen, was nicht sein darf, unter keinen Umständen, sonst machen die elenden Aufbackbrötchen morgen überhaupt keinen Spaß, noch mal der Kühlschrank auf, das gute Streichfett raus, in die Tupperdose damit, Kältepad dazu, ab in die Tüte, zu den Zeitungen, Magazinen und Büchern, zu dem Whisky, dem Klopapier, den neuen Reithosen. Jeder nimmt sich zwei, drei Taschen und läuft hektisch die Treppen runter, als würde einer unten mit der Stoppuhr stehen. Dann hält jemand mitten im Lauf, lässt alles sinken. „Ich hab noch was vergessen!" Läuft wieder hoch, schließt die Tür auf, Beschimpfungen gellen durchs Treppenhaus, „immer verzögerst du ...!", durch die Wohnung geflitzt, den Gegenstand gepackt, eine Sonnenbrille, einen Schal, das Ladegerät. Letzte Lichter ausgeschaltet. Endlich steht man auf der Straße, zwei Stunden später als geplant, trotzdem glorreich, noch ist Vormittag. Alles in den Kofferraum, nur die Wasserflasche, Äpfel und Kekse kommen nach vorne. Wrumm wrumm, los geht's. Die erste Kreuzung, Blick auf die Nachbarschaft, wie die ihrer Wege geht, zum Bäcker, zum Kinderspielplatz, zum Einkaufen. Die Verlorenheit der Touristen, auf der Suche nach einem Frühstückscafé, bloß weg hier, am Wochenende gehören wir nicht dazu, am Wochenende gehören wir aufs Land. Bis zur Autobahn führen wir Verhandlungen darüber, welche Radiosender oder Podcasts wir hören. Vorbei am Einkaufszentrum, an neuen Wohnblöcken, am Krankenhaus und am Park, am Tennisclub, an Kentucky Fried Chicken und McDonald's. Hinter dem Hüpfburg-Park kommt die Abfahrt. Vorher noch auf die Jet-Tankstelle, Benzin, Kaffee und für die jüngere Besatzung Croissants oder Eis. Die Frontscheibe nass wischen, den Luftdruck prüfen. Vor jeder Zapfsäule ein ähnlicher Anblick. Kaum sind wir auf der Autobahn, liegt gleich links die Start- und Landebahn vom Flughafen Tegel, und jedes Mal sind die Plane-Spotter eine Bemerkung wert, weil es ein Mysterium bleibt, wie sie zu ihrem Glück nur einen Blick auf die Flugzeuge brauchen. Hinter dem letzten Tunnel erreichen wir endlich die Stadtgrenze und die Geschwindigkeit kann leicht gesteigert werden. Sand säumt die Autobahn, Kiefern und Birken. Auf frisch gerodetem Gelände warten Betonröhren auf ihre unterirdische Verlegung, Schilder kündigen von Umleitungen ab nächstem Monat. Das Tempo wird vor den Brückenpfeilern gedrosselt, da stehen die Blitzer. Vorbei an weiteren Röhren, Kiefern, Birken. Dann das Spargelfeld, zwei Monate im Jahr zwingt es dazu, an der Verkaufsbude zu halten und zu entscheiden, ob neben Spargel auch Spargelschäler, neue Kartoffeln, Erdbeeren, Erdbeerwein und Sauce Hollandaise aus dem Tetra Pak gekauft werden will.

Nehmen wir die dicken, geraden Stangen oder die krummen, die im Angebot sind? Dazu eine Tüte Bruch für die Suppe. Kofferraum auf, Kofferraum zu. Gespräche darüber, wer den Spargel wie zubereiten wird. Nach neuester Methode, in Alufolie gewickelt und im Ofen geschmort, gart er im eigenem Saft. Wer kocht, kann nicht den Rasen mähen, wer das Holz abbrennt, kann nicht den Gartentisch reparieren. Das Wochenende ist immer zu kurz, um nicht schon verplant zu sein. Überlegungen, wer aus dem Kreis der anderen Wochenendler zum Essen eingeladen wird. Ob die Kartoffeln reichen? Besser bei der nächsten Spargelbude nochmal halten. Bis zur Abfahrt gehen SMS raus: „Seid ihr draußen? Wollt ihr zum Spargel kommen?" Minuten später die Antworten: „Sollen wir Wein mitbringen?" oder „Wir sind in der Stadt, Tochter spielt Flötenkonzert im Nilpferdhaus". In spargelfreier Zeit rast das Auto am Acker vorbei, und das ausgewachsene Spargelkraut oder die hektarweit aufgebrachte Thermofolie wird stumm zur Kenntnis genommen. Sind noch genug Vorräte im Haus, gibt's noch Wein und Bier, müssen wir beim Aldi halten oder reicht es uns, zum Hofladen zu fahren und Koteletts vom Wollschwein zu kaufen? Hinter der Abfahrt kommen die Ortschaften, in denen LKW-Fahrer leben, die die Trucks um ihre Einfamilienhäuser parken. Wir fahren durch menschenleere Straßen, in denen sich die Blitzer hinter Türmchen verbergen. Passieren Gewerbegebiete, Zugschranken, eingefallene Brauereien und werden über Kreisverkehre auf weitere Straßenverläufe gelenkt, an Automaten-Tankstellen vorbei. Plakate verkünden Ü-40-Discos, Schützenvereinsfeste, Bürgermeisterwahlen. Zwischen den Ortschaften: Felder und vergammelte Kasernen. Dann die Dörfer mit den gepflegten Vorgärten, Forsythien mit Osterschmuck, Tische mit Eiern und Honig, die „Kasse des Vertrauens" für das Wechselgeld. Milane kreisen über einem Feld, Störche staksen durch feuchte Wiesen. Falken, Ringeltauben. Am Kreuz für Ingo und Bianca ein frischer Blumenstrauß. Ein neongelber Fahrradfahrer verlangsamt auf der Landstraße und winkt, wir sollen vorbei. Ist der lebensmüde, warum nimmt der nicht den Radweg daneben? In der Ferne trabt ein Reiter im Westernsattel. Ein Autofahrer mit einheimischem Nummernschild grüßt.

„War das Eberhard?"

„Hat der ein neues Auto?"

„Der hatte doch immer ein rotes."

Die polnischen Arbeiterinnen, die aus der Pilzfabrik kommen und bis zu ihrer Unterkunft zwei Kilometer laufen müssen, tragen weiße Hauben aus Vlies, die oft fortwehen und in den Sträuchern der Umgebung hängenbleiben. Überall Häubchen in der Landschaft. Die Frauen warten, bis wir vorbeigefahren sind, sie haben müde Gesichter und telefonieren. Das Geräusch einer Landmaschine wird lauter, frischer Astbruch liegt im Graben. Die Wolken verflüchtigen sich, in der letzten Kurve der Walnussbaum, dahinter die Weide mit den Mini-Shettys. Das ist keine irische Band, das sind ganz kleine Ponys, eins davon heißt Adolf, das soll witzig sein. Vorbei am Storchennest, am Friedhof, an den zugezogenen Gardinen und blattfrei gekehrten Zuwegen. Es geht auf die letzten Meter, dann haben wir das Ziel erreicht.

Wie ein Wochenendhaus ins eigene Leben tritt

Freitag bis Sonntag sind wir draußen. „Im Häuschen", sagen wir, dabei ist das Haus nicht klein, aber wir sind von kleinbürgerlicher Herkunft und kennen es von der Elterngeneration, die fuhr „ins Häuschen" oder „aufs Grundstück". Das Wort „Wochenendhaus" klingt ein bisschen geschwollen für meine Ohren, auch wenn es wohl das treffendere ist. Niemals sagen wir: Wir fahren ins Dorf. Und für den Begriff „Landhaus" fehlt uns die katalogmäßige Innenausstattung im gehobenen Country-house-Stil. Wir, das sind zwei miteinander verheiratete Erwachsene und zwei Kinder im Teenageralter. Meine Familie möchte in diesem Buch nicht vorkommen, jedenfalls nicht wiedererkennbar, mit ihren individuellen Eigenschaften. Ich kann sie aber nicht ganz weglassen, denn ich fahre selten allein raus, zumal ich selbst nicht Auto fahre, weil ich Angst davor habe, zu nervös dafür bin. Vor 19 Jahren hatte ich mit einem Mietwagen beim Einparken einen kleinen Unfall, seitdem bin ich nicht mehr gefahren.

Das Haus ist etwa hundert Jahre alt und besitzt auf der Gartenseite einen Kopfsteinsockel. Es hat fünf Zimmer, ein Kaltdach mit Biberschwanzziegeln, Kachelöfen und einen hohen Sanierungsbedarf. Es war bis in die 1970er

Jahre eine Dorfschule, auf dem Gebiet der DDR gelegen. Das größte Zimmer war der Klassenraum für eine altersgemischte Klasse, die anderen Zimmer bewohnte die Lehrerfamilie mit ihren sechs Kindern. Bei der Besichtigung sah man noch die Umrisse der Tafel an der Tapete und der Fußboden verriet, wo der Lehrerschreibtisch gestanden hatte. Im ersten Stock gab es eine kleine Räucherkammer am Schornstein, darin hatten sie die Schinken der Schweine geräuchert, die im Garten aufgezogen wurden. Die Schweinekoben standen noch und innen lagen vergilbte Behälter mit Resten von Holzschutzmitteln, die später, als wir uns darum kümmerten, kein Recyclinghof abnehmen mochte. Zwei Plumpsklos, aus Ziegelstein gemauert, standen mitten im Garten, das eine war für die Schüler, das andere für den Lehrer und seine Frau. Sie stehen heute noch da, ich habe die Türen noch nie geöffnet, ich stelle meine Harke gelegentlich daran ab. Man könnte die Plumpsklos zusammenlegen und eine Sauna einbauen, aber dann müsste man die Tür öffnen. Zur Schule gehörte eine Scheune, die als Schülerwaschraum diente und dessen Zwischendecke nun halb eingefallen ist, Stroh quillt hervor. Manchmal weht ein Sturm Ziegel von der Scheune und der Riss in ihrer Mauer wird größer, sie sackt ab. Immer wenn ich das bemerke und mir wieder Sorgen mache, dann schreibe ich eine E-Mail an den Baugutachter, der in der nächsten Kreisstadt wohnt und mit dem wir uns eigentlich einig gewesen sind. Ich frage ihn, wann er endlich seinen Kostenvoranschlag zuschickt. Er antwortet nie.

Das Haus befindet sich in ländlicher Lage, neunzig Kilometer von Berlin entfernt, im westlichen Brandenburg, das sich verwirrender Weise Ostprignitz nennt. Wenn ich vom Häuschen spreche, fällt mir auf, dass das Thema Reaktionen hervorruft, als würde es Schwachstrom leiten, von meinem Mund direkt in die Mimik der Mitmenschen hinein, die bekommen ganz feine Zuckungen im Gesicht, wenn ich sage: „Ich kann leider nicht zu deiner Ausstellung kommen, ich muss den Garten mähen. Das Gras ist schon so hoch." Geste zu den Knien.

Oder ich sage: „Ich würde euch gerne wiedersehen, aber das Häuschen ruft, lass uns unter der Woche treffen."

Schön sagt sich auch: „Samstag bin ich draußen, das brauche ich einfach, sonst funktioniere ich den Rest der Woche nicht, und die Tochter will an einem Wanderritt teilnehmen."

Klingt das angeberisch? Ich sage nur, dass ich am Wochenende keine Zeit habe, weil ich mich um einen ziemlich großen Garten kümmern muss, und dass es Freizeitreiter in der Familie gibt. Man sollte sich meine Situation da draußen aber nicht besonders malerisch vorstellen. Es ist anders. Es ist so, dass Sie, wenn Sie mit rauskämen, als erstes „Oh!" sagen würden. Wie es darüber hinaus ist, beschreibe ich später noch.

Vorher klären wir die Frage, wie man zu einem Haus auf dem Land kommt. Man kann es nicht vom Computer aus bestellen oder durch eine Leihmutter austragen lassen, was es für viele Interessenten unverhältnismäßig schwer macht. Ich erzähle gerne den Schmarrn, dass ich zu meinem Haus gekommen bin, weil ich dick bin. Ich sage Schmarrn, aber ich glaube, es könnte so gewesen sein. Und ob ich nun dick bin oder nur ein bisschen oder vielleicht nur drall, vollschlank, wie auch immer man es eingrenzen mag, ich verkörpere nicht den Typus „verhungerte Karrieristin aus der Stadt". Ich glaube in meinem Innersten, das war kriegsentscheidend. Obwohl ich irgendwie natürlich auch eine Karrieristin bin, eine hochgelesene, strebsame Kleinbürgerin, sogar mit südasiatischem Migrationshintergrund auf der väterlichen Seite. Ich wurde über die Jahre dick und war zu faul und desinteressiert, mich dem entgegenzustemmen. Nun bilde ich mir ein, dass meine Figur auf die Hausverkäufer sympathisch wirkte. Es kommt im Leben nicht oft vor, dass man dünnen Menschen gegenüber Vorteile verspürt, aber in diesem Fall war es der Faktor, der mir einen Wettbewerbsvorteil einbrachte. Die Verkäufer waren eine Erbengemeinschaft, die aus mehreren Geschwistern bestand. Alle waren um die sechzig Jahre alt und hatten längst ihre eigenen Häuser gebaut. Nach einigen Jahren des Leerstands wollten sie das verwohnte und von Mäusen bevölkerte Haus ihrer verstorbenen Eltern verkaufen. Niemand aus der jüngeren Generation dieser Familie hatte Interesse daran, und auch die Einheimischen bauen sich ihre Häuser lieber selbst, was auch vernünftig ist. Ein altes Haus zu sanieren, kostet gerne mehr als ein Neubau, und man hat weniger Spielraum für eigene Ideen. Wenn man so ein altes Haus aber nur am Wochenende und in den Ferien nutzt, kann man es als Liebhaberprojekt ins Leben lassen, dann muss man nicht realistisch sein. Man kann vieles auf später verschieben und jahrelang improvisieren, niemand muss den Winter darin verbringen.

Eberhard und seine Frau Uta waren die Verhandlungsführer der Erbengemeinschaft. Wir trafen uns zur ersten Begehung. Das Haus war runtergewohnt, aber das wussten wir ja schon. Wir inspizierten die Balken. Bei dem Preis, der in der Luft lag, ging es nicht um Balken, Mängel oder Bedenken, es ging nur um ja oder nein. Trotzdem waren wir sehr aufgeregt, wir waren ja hochgelesene Kleinbürger mit subkultureller Prägung, und ein eigenes Haus lag nicht im Lebensplan, ein Wochendhaus eher. Am Schluss standen wir mit dem Ehepaar im Garten. Auf den Fotos, die die Kinder von uns machten, sehe ich jetzt, wie mein Bauch sich nach vorne drängte, über den Hosenbund schwappte, als wäre er ein wichtiger Gesprächspartner gewesen, der sich Geltung verschaffte. Ich gehe ins Hohlkreuz und schaue fachfrauisch. Eberhard hatte auch Bauch, seine Frau Uta weniger. Ich fragte die beiden nach den Namen der Bäume und Sträucher. Die meisten Pflanzen in diesem großen, schlauen Wundergarten zeigten sich erst später, als sie wieder wachsen durften. Eberhard hatte gerade alles mit der Motorsense runtergeschnitten, damit das Grundstück ordentlich aussah. Nach der Begehung luden uns die beiden zu Kaffee, Donauwelle und Frankfurter Kranz in ihr schönes Haus ein. Abzulehnen war keine Option. Nachdem mein Mann und ich je drei Stück gegessen hatten, bekamen wir einen Rundgang durch das eigene Haus der Erben, und dann zeigten uns Eberhard und Uta auch ihren Stolz im Keller, dreihundert Gläser selbstgekochte Marmelade. Daneben im Heizraum das Prachtexemplar, auf das ich bis heute neidisch bin, ein großer Feststoffheizbrenner aus unverwüstlicher DDR-Produktion, in der Farbe Orange. Eberhard schmiss mit Pike und Anmut einen Holzscheit in den Brenner. Zum Abschied gaben sie uns Quittenmarmelade und die eingetupperten Reststücke der Donauwelle mit. So ergab eins das andere. Es war eine Bauchsache.

Vor der Begehung war ich schon mehrmals am Haus vorbeigeradelt und hatte einmal sogar angehalten, um den Hummeln und Bienen zuzuhören. Ich erinnere mich, wie ich vor dem Zaun hielt, das Summen genoss und die Besitzer der Hummelburg, so nannte ich das Haus bei mir, beneidete. Bewohner hatte ich nie gesehen und auch keine Hinweise auf solche, nur die Hummeln. Ich hatte noch geglaubt, ich schaute das Haus an, aber nun weiß ich, das Haus schaute mich an.

Jahrelang waren wir Feriengäste auf einem Gutshof in der Ostprignitz gewesen. Das Gut war – und ist es bis heute – bei Berliner Familien sehr beliebt. Unsere Kinder schlossen dort Freundschaften, lernten reiten, hüpften über Heuballen, jagten mit Ferkeln über die Wiesen und fuhren in der großen Weite Brandenburgs Fahrrad, ohne von Autos beeinträchtigt zu sein. Das klingt vielleicht abgedroschen, mag sein, aber wir liebten es, so simpel unsere Ferien zu verbringen. Es gab auch Familien, die fanden den Hof mit den spartanisch möblierten Wohnungen und dem unzuverlässigen Internet nicht so toll, die vermissten einen Fernseher in der Ferienwohnung, die wollten serviles Dienstpersonal, sie brauchten ihren rosa getünchten Brändenbörg-Kitsch. Solche Leute reisten wieder ab. Wir aber liebten es, das Gut, die Menschen dort, und die Kinder freuten sich jedes Jahr auf die Ferien. Eines Tages bekam ich von der Gutsbesitzerin eine Mail, dass die Dorfschule im Nachbarort zum Verkauf stehen würde. Zwei Sätze nur, es sei „ein Häuschen mit Ofenheizung und schönem Garten", nichts weiter, keine Telefonnummer, kein Name, auch wusste ich nicht, dass es sich um das Haus handelte, dass ich die Hummelburg genannt hatte.

Einmal bekam ich mit, wie die Suche nach einem Ferienhaus laufen kann, wenn es nicht gut läuft. Eine feine Hamburgerin fuhr mit SUV und Rassehund auf den Gutshof. Sie ging ins Hofcafé und bestellte einen Milchkaffee, pickte in ihrem Kuchen und sprach die Kellnerin in süßester Stimme auf die Situation des örtlichen Immobilienmarktes an. „Wir würden gerne in der Nähe ein Grundstück oder ein Haus kaufen", sagte die Hamburger Dame. „Damit wir unsere Kinder und Enkelkinder am Wochenende hier treffen können. Die Prignitz liegt so günstig zwischen Hamburg und Berlin, verstehen Sie? Wissen Sie, ob gerade etwas zum Verkauf steht?"

Die Kellnerin, die aus chronischem Personalmangel immer alles gleichzeitig macht, Kuchen backen, kellnern, Reitkarten verkaufen, Mittagstisch kochen, Beschwerden managen, Wollschwein-Koteletts wahlweise einfrieren oder auftauen, blieb mitten in der Bewegung stehen und sah der Dame tief in die Augen.

„Tut mir leid, im Moment gibt es hier nichts. Aber wenn was frei wird, rufe ich Sie gerne an." Die Dame holte aus ihrer Louis-Vuitton-Handtasche eine Visitenkarte. Sie war die Besitzerin einer Company, stand darauf. Denn kaum war sie abgefahren, wurde die Visitenkarte an alle Neugierdsnasen im Café weitergereicht. Dann schaute mich die Kellnerin ganz ernst an. „Wir sagen nicht, wo was frei steht, das sollst du haben." Ich spürte tiefe, tiefe Dankbarkeit. Ich war plötzlich ein Mensch, dem es gebührte, von der einheimischen Bevölkerung einen Geheimtipp zu bekommen. Das potenziell schönste Haus mit dem potenziell schönsten Garten in der ganzen Prignitz sollte meins werden, ich bekam es für fünfundzwanzigtausend Euro.

Nicht weil ich reich wäre, das war ich nicht, selbst für diese überschaubare Summe mussten wir einen Kredit aufnehmen, was zu einem langwierigen und schwierigen Akt wurde, da wir beide damals noch selbstständig waren. Aber das Beste an Brandenburg ist, dass die Leute noch sehr gewissenhaft zwischen gut und böse unterscheiden können. Reiche Wessis kommen so irre unsympathisch rüber, dass die Einheimischen am liebsten zur Mistgabel greifen würden. Was sie aber bei den dicken und nicht so reichen Wessis, wie wir es sind, die dazu noch den Donauwellenfresstest bestehen, nicht tun.

Daher lautet mein Tipp an jene, die mit dem Gedanken spielen, ländliche Gebiete auszukundschaften, um ein Haus auf dem Land zu kaufen: Lassen Sie es bleiben. Sie bekommen nix. Aber sollte es Hoffnung für Sie geben, seelisch gesprochen, dann mieten Sie sich an Wochenenden in einer netten Landpension ein oder auf einem Gut oder in einem Inhaber geführten Landhotel und werden Sie ein guter Gast. Falls Ihnen das Leben als Gast gefällt, seien Sie zufrieden, Sie müssen nichts kaufen. Das Kaufen ist ein großer Quatsch und auch eine Überforderung. Ich bin mittlerweile auch schwer überfordert mit meinem

Haus. Es summen nicht jeden Tag Hummeln durchs Leben. Es nisten auch Hornissen in der Zwischendecke und knabbern am Stromkabel, und plötzlich sitzt man nachts auf dem Klo und das Licht fällt aus, und man fragt sich, ob das alte Haus irgendwann mal schön sein wird, einfach nur schön. Und wenn ich behaupte, mein Garten sei der schönste weit und breit, dann muss ich gestehen, die Nachbarn haben da eine ganz andere Meinung. „Das ist doch nur Unkraut, was bei euch wächst." Ja, Horst, lieber Nachbar, aber ich kann nun mal nicht jeden Tag gießen, und bei der armen Erde, die hier zum Teil nur 16 von 100 Bodenpunkten hat, blühen Rosen nur, wenn man sich das zur Lebensaufgabe macht. Dafür kommt die Große Brennnessel sehr gut.

Der große Nachteil als Landgast ist, dass man zur Untätigkeit verdammt ist und dass die Einheimischen von ihren Gästen nicht mehr erwarten, als dass sie in der Gastronomie Kuchen mit Sahne verzehren, Tretboote mieten und Reitstunden bezahlen. Dafür aber darf sich der Landgast wirklich entspannen, kann runterkommen, kann lesen und spazieren gehen und wird erholt in die Stadt zurückkehren. Ein Wochenendler mit eigener Hütte dagegen gewöhnt sich erst das Spazierengehen ab, dann das Besuchen von Landcafés und schließlich auch das gemütliche Lesen. Der Wochenendler mit eigenem Haus taut sich einen Tiefkühlkuchen vom Discounter auf, nach dem Motto „der ist gar nicht mal so schlecht", was aber Selbstbetrug ist. Der Wochenendler hakt wie manisch die Blätter vorm Haus, um im nachbarlichen „Wer-hat-am-wenigsten-Blätter-vorm-Haus"-Contest mithalten zu können, und schaut abends *Deutschland sucht den Superstar* im Fernsehen statt gute Literatur zu lesen. Das Wochenendhaus mit seinen Anforderungen frisst dich auf, geistig, seelisch und körperlich.

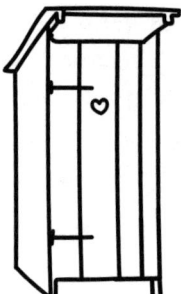

Kleines Herz, Tiny House

Der Trend in seiner unermesslichen Weisheit entwickelt sich nun dahingehend, dass viele Leute, die wochenends aufs Land wollen, keine Häuser mehr suchen, denn es gibt ja auch kaum welche, die für ein Leben zwischen Stadt und Land gut funktionieren. Zwei Haushalte zu führen bedeutet, zweimal die üblichen Kostengruppen zu stemmen – Wasser, Strom, Müllgebühren, Versicherungen etc. – und auf den bourgeoisen Anspruch des unbedingten und repräsentativen Privateigentums vielleicht sogar zweimal reingefallen zu sein. Ich frage, warum tun sich Menschen nicht zusammen mit anderen Menschen und teilen sich Wochenendhäuser und alle mit ihnen verbundenen Arbeiten, Kosten und Späße? Es würde meinem Ideal von Leben entsprechen, aber damit kann ich mich nicht einmal in meiner Familie durchsetzen. Von Seiten der hart arbeitenden Bevölkerung und der Schülerschaft innerhalb meiner Kernfamilie höre ich immer wieder ein Argument: „Wir wollen uns in unserer Freizeit nicht noch mit Leuten rumärgern!"

Das mag sich die hart arbeitende Bevölkerung / Schülerschaft aufs Sofakissen sticken, doch ich komme an diesem Argument nicht so einfach vorbei. Anscheinend sind „Leute" gleichbedeutend mit „rumärgern", was angeblich „jeder weiß", und nur ich als künstlerisch tätige Freiberuflerin bin „out of touch" mit den Lebensrealitäten und hänge gefährlichen Sozialromantizismen nach, weil ich mit dem Gedanken gespielt habe, das Wochenendhaus mit anderen zu teilen. In der Auseinandersetzung mit meiner Familie lerne ich, dass das Wochenende unbedingt frei zu bleiben hat von der Auseinandersetzung mit den Anderen, sonst gibt es keine Erholung, unmöglich.

Stattdessen sind Raumideen, Architektur und Ästhetik für unsere Zeitgenossen wichtig, da muss man sich nicht mit Menschen rumärgern. Dazu passt der Trend, dass Menschen davon träumen, sich ein leeres Grundstück zu kaufen, um ein Tiny House oder einen Bauwagen darauf zu stellen. Viele dieser Träumer sahen einen interessanten Beitrag dazu im Fernsehen und sind seither nicht mehr zu bremsen. Alles an der Idee fühlt sich richtig an: Der Bauwagen ist als Projekt überschaubar, die Kosten erscheinen kalkulierbar, der Bauwagen gilt als unspießig und trotzdem gemütlich. Vor allem erinnert er an eine Kindheit, in der die ZDF-Fernsehsendung *Löwenzahn* eine wichtige Rolle spielte. Der ikonische Kinderfernseh-Onkel Peter Lustig mit seiner Latzhose mahnte am Ende jeder Sendung, dass die Kinder, die vor den Geräten saßen, den Fernseher ausschalten und rausgehen müssen, raus auf die Straße war vermutlich gemeint.

„Du hast ja immer noch nicht ausgeschaltet!?", sagte der Peter Lustig im lustig-strengen Tonfall. Oje, erwischt, der Mann konnte durch das Gerät hindurch direkt in deine Seele schauen. Dreißig Jahre später erfüllt die alt gewordene Peter-Lustig-Jugend endlich, was von ihr verlangt wurde, sie geht raus, aber nicht auf die Straße. Sie sucht sich ein Stück Land und einen Bauwagen, der so aussieht, als hätte Peter Lustig ihn persönlich zertifiziert. In Ochsenblutrot, mit aufgebockter Terrasse und eingepflanztem Sonnenblumenkübel davor. Und wenn dann jeden Tag ein Huhn vorbeikommt und ein Ei auf die Treppe legt und sich ein dicker Nachbar mit kurzer Hose an den Zaun stellt und drollige Geschichten mitbringt, über die man später bloggen könnte, dann ist das Leben der Generation Peter Lustig wirklich rund geworden.

Doch auch dieses Szenario ist umkämpft und bedroht und entwickelt sich vor allem zu einem Riesenspaß für die Landbevölkerung, die gerne mitansieht, wie die Städter planen und entwerfen und im Internet recherchieren und einen verkrüppelten Bauwagen aufmotzen mit sibirischer Lärche, raffiniertem Innenausbau und gemütlicher dänischer Ofenheizung, um dann hart aufzuprallen an der Realität einer verweigerten Genehmigung. Es kommt ein Brief vom Amt, und da wird der Abbruch der Baustelle mit kurzer Frist angemahnt, bei Androhung von Bußgeld. Das Jammern ist dann groß und der Einzelne fühlt sich schlecht behandelt.

Doch mal andersrum betrachtet: Gemeinden haben ein berechtigtes Interesse daran, dass sich ihre Dörfer nicht in Campingplätze für Peter-Lustig-Fans verwandeln. Die allgemeine Verhüttung ist sowieso ein großes Problem auf dem Land – auch mit Einheimischen wird dahingehend streng umgegangen. Die menschliche Neigung zur Verhüttung ist ein Thema, das schon im Mittelalter für Ärger sorgte. Damals waren es die Vögte (das waren die Sachwalter), die im Auftrag der Herrschaft gegen ungenehmigte Verhüttung vorzugehen hatten, was sie sehr ungerne taten, denn oft wurde den Vögten aufgelauert und sie landeten erschlagen im Graben. Bis heute ist der Vogt ein unverstandener Beruf in Deutschland, der Name ist wenig verbreitet, und bis heute neigt der Landbewohner dazu, seine Carports, Anbauten, Vorbauten, Gartenhäuser, Geräteschuppen und Zuwege immer mehr zu überdachen, wohnlich einzurichten, zu dämmen, Licht, Wasser und Tiefkühltruhen daran anzuschließen, Musikboxen dahin zu überführen, mit Lampions zu verkabeln, mit Alarmanlagen und SAT-Fernsehen zu erweitern, Sofas darin zu gruppieren und plötzlich Tatsachen geschaffen zu haben. Brandenburg würde wie der alte Basar von Saigon aussehen, wenn die Aufsichtsbehörden nicht ständig durchgreifen würden. Deshalb fliegen Kartographen im Auftrag regelmäßig übers Land, damit die Gemeinden ungenehmigte Veränderungen und Bautätigkeiten aufdecken und die Baustellen der Einheimischen stilllegen und abreißen können. Selbstverständlich werden auch hier Bußgelder angedroht. Nur bloggt darüber niemand annähernd so weinerlich wie die Lifestyle-Bauwagenlobby. Deshalb sollte man die Schadenfreude der Einheimischen, wenn mal wieder der Bauwagen eines eifrigen Städters zerlegt oder abgeschleppt werden muss, entsprechend einordnen – es ist geteiltes Leid. Und nur weil der Städter sich hinter einem Farbtrick versteckt und meint, dass der zimtrot gestrichene, biohölzerne Zirkuswagen nichts mit der weißen Flotte eines ordinären Campingplatzes oder Straßenstrichs zu tun hat, sollte er doch nicht glauben, dass er davonkommt. „Solang das deutsche Reich besteht, werden Schrauben rechts gedreht", und werden nur fest gemauerte Häuser in Dörfern errichtet, direkt an der Straße, mit einem Garten hinten und einem Zaun vorne. Nur der obligatorische Schäferhund darf wahlweise durch das Schild „Hier wache ich" ersetzt werden. In der Weite der Landschaft aber, außerhalb von Siedlungen, sind Unterkünfte sowieso verboten, weder ein Haus noch ein winziger Bauwagen darf die Kulturlandschaft zersiedeln. Einsame Lagen gibt es nur in ZDF-Fernsehkrimis und in Kinder- und Hausmärchen, aber dann wohnen Hexen darin, die fressen Peter-Lustig-Fans und haben natürlich eine Sondernutzungsgenehmigung.

Ich gebe zu, das war ein garstiger Abschnitt. Ich frage mich, woher meine Abneigung kommt. Ich würde sogar zugeben, dass das Bauwagen-Konzept eine gute Seite hat, die Idee der Minimierung ist mir sympathisch. Ich fühle mich von den Bauwagen-Stressern trotzdem gestresst. Merkwürdig, irgendwas stimmt da nicht. Wenn ich mich gestresst fühle oder unruhig bin und nachdenken muss, dann fege ich das Haus. Ich finde immer Sand, der aus dem Garten reingetragen wird, und dann ordnen sich die Gedanken. Da fällt mir etwas aus meiner Jugend ein: Als Schülerin in Hamburg nahm ich mit meiner Klasse an den Bundesjugendspielen teil, wie jedes Jahr. An der Kugelstoßbahn mussten wir länger warten und stellten uns an den Zaun, der die Sportstätte von der Straße abgrenzte. Da stand ein junger Mann, der fegte mit einem großen Besen den Gehweg. Ich weiß nicht mehr, ob er ein Straßenfeger war oder ein junger Mann, der Sozialstunden ableisten musste, weil er bei WOM (World of Music) eine Duran-Duran-Schallplatte geklaut hatte, jedenfalls stellte sich die halbe Klasse an den Zaun und übte sich im Livekommentar. André: „Fegen bringt Segen." Michaela: „Fegen bringt Regen." Jens: „Fegen trotz Regen bringt Segen." Usw. usf. Der Straßenfeger fegte ungerührt weiter, und wir reimten alles weg, was sich nur auf „fegen" reimen ließ. Was ich mit dieser Anekdote ausdrücken will: Es entspannt und unterhält offensichtlich, Leuten bei der Arbeit zuzusehen, aber es darf nicht irgendeine Arbeit sein, es muss schon richtige Arbeit sein. Leuten bei der Lifestyle-Arbeit zuzusehen, die sie von der Stadt aufs Land mitbringen, ist dagegen stressig. So, wie es einen selbst als auch die Familie ungeheuer stresst, sich Arbeit ins Wochenende mitzunehmen und sonntags E-Mails zu beantworten. Dagegen entspannt es, im Garten zu werkeln, bis die Schwielen pochen und der Rücken brennt. Menschen unterscheiden Arbeit. Das Problem ist nur, wenn wir uns gegenseitig bei der Arbeit zusehen und echte Arbeit von angeblich nicht so echter Arbeit unterscheiden, kommen wir auch nicht weiter. Im Zentrum der Probleme steht die Arbeit an sich und wie wir sie miteinander teilen. Es handelt sich um eine soziale Frage und nicht um ein Problem des Eigentums. Das Tiny House scheint mir deshalb wieder nur ein Ausweichmanöver zu sein, um die Frage nach dem Miteinander erneut zu umgehen. Das Tiny House suggeriert dem Einzelnen eine Autonomie, die er oder sie in Wirklichkeit nicht hat, indem es sagt: Wenn du alles reduzierst, wenn du dich kleiner und kleiner machst, dann kannst du es aus eigener Kraft schaffen. Was soll man allein auf der Wiese? Wir brauchen andere Menschen, ohne einander geht es nicht.

Selbst eine Familie und Kinder sind keine Garantie dafür, dass sich immer jemand finden wird, der die Arbeit mitmacht. Die Kinder werden schnell groß, sie suchen sich eigene Projekte und Gemeinschaften, gründen eigene Familien. Angewandt auf das Wochenendhaus bedeutet das Unklarheit darüber, ob die Kinder auch als Erwachsene noch kommen werden, ob sie mithelfen. Ob es Enkelkinder geben wird, und dann kann es nochmal sein wie früher, mit Ponyreiten beim Bauern, Baden am See, im Garten spielen. Oder werden sie sich am Rand aufhalten, sich nicht von der Arbeitslast angesprochen fühlen und sich entsetzt abwenden, sobald sie bemerken, dass den Eltern die Kräfte schwinden, ihnen alles entgleitet. Mama putzt den verschimmelten Kühlschrank nicht mehr, Papa pinkelt neben die Kloschüssel, die Regenrinne verstopft und die Mäuse tanzen in der Diele Cha-Cha-Cha. Hier meldet sich mein schlechtes Gewissen. Ich selbst stand als junge Frau nur daneben und habe keine Hilfe angeboten, als älteren Angehörigen die Arbeit mit ihrem Wochenendgrundstück, auf der eine schöne Blockhaushütte stand, vollkommen entglitt. Ich schlug die Hände über dem Kopf zusammen, lästerte mit den anderen Verwandten und wir fragten uns, wann das alte Paar endlich einsehen würde, dass sie es nicht mehr schafften. Der Erkenntnisprozess bei den Angehörigen dauerte noch ein paar Jahre, nach einem Schlaganfall und kurz vor dem Altersheim wurde die Hütte entrümpelt, abgerissen und das Grundstück verkauft. Aber sie baten auch nie um Hilfe. Vielleicht weil es ihr Eigentum, ihre eigene Last und nach dem Verkauf auch der eigene Gewinn waren, der in die Altersversorgung einfloss. Mir bleiben davon die Erinnerungen an warme Tage in einer Waldhütte am Rhein, die voll war mit Jagdtrophäen, Wildschweinfellen und uralten Drogerieartikeln.

Bei uns in der Nähe gibt es einen Bauern, auf dessen Grundstück, etwas abseits zu der Pferdekoppel hin, mehrere Berliner ihre Bauwagen stehen haben. Die Gruppe wächst langsam. Erst fing es mit einer einzigen Familie an, die ihr Pferd hier untergebracht hatte. Dann sprach sich das rum, nun sind es schon fünf oder sechs Pächter. Die Bauwagen sind so unterschiedlich wie die Leute. Ein einziger Wagen ist luxuriös ausgebaut, mit tollem Holz und Glasfronten. Der Besitzer hat ihn so gekauft, er ist auch nur wenig da, und der Wagen steht am weitesten entfernt von den anderen. Die anderen Bauwagen machen einen eher pragmatischen Eindruck, sind eher keine Lifestyle-Objekte, aber gemütlich, mit Ofen und ohne Terrasse. Die Pächter teilen sich in einem beheizten Nebengelass ein Badezimmer und eine Waschmaschine. Das funktioniert alles ziemlich gut, habe ich gehört, nur um den Blick in die Weite der Landschaft gibt es manchmal Streit. Es geht darum, wer wem die Sicht nimmt und wer welche Sicht zuerst hatte. Die aufgehängte Wäsche der Anderen oder die Geräusche der Kinder sind auch manchmal Thema. Geeint sind sie in der Hoffnung, dass es nicht mehr Bauwagen werden. Die Fläche, die der Bauer für Ferienhäuser genehmigt bekommen hat, ist aber nochmal größer. Es würde dem Ort den Zauber nehmen, sagen die Pächter, wenn mehr Bauwagen kämen. Soweit ich weiß, sieht der Bauer das auch so. Er will nicht so viele Gäste auf seinem Hof haben, er will nicht zum Betreiber eines alternativen Campingplatzes werden, er sieht sich noch als Landwirt. Aber was bedeutet der Zauber eines Ortes, wenn die Landwirtschaft Sorgen bereitet, wie im letzten Dürresommer? Als Heu und Stroh plötzlich Mangelware waren, „teuer wie Gold", wie er sagte, waren die Nebeneinnahmen aus der Verpachtung plötzlich ein wichtiger Faktor. Der Bauer hat nun das Angebot eines Mobilfunkanbieters auf dem Tisch, der auf seiner Wiese einen Sendemast aufstellen möchte. Zum Zauber des Hofes gehört auch der schwierige Mobilempfang. Wie Wünschelrutengänger laufen die Pächter mit ihren Handys über die Wiese, auf der Suche nach ein oder zwei Balken auf dem Display. Auch hier besteht Uneinigkeit, ob man besseren Mobilempfang möchte, um am Wochenende auch arbeiten zu können, oder ob besser alles beim Alten bleibt. Noch fühlt sich der Hof nicht wie ein Campingplatz an, noch laufen Ziegen durch die Bauwagen-Siedlung, noch kann der Einzelne die mentale Kraft aufbringen, die anderen Pächter und deren Lebensäußerungen zu tolerieren, noch gibt es keinen Kiosk mit der Bild am Sonntag an der Zufahrt und keinen Hausmeister, der eine Münzduschkabine installiert und die Klopapierblätter abzählt. Das ist nicht notwendig, solange die Gruppe übersichtlich ist und das Miteinander ausgehandelt werden kann. Die Kinder ahnen nicht, wie anstrengend das Erwachsensein und Besitzen ist, sie spielen miteinander und treffen sich am Feuer zum Stockbrotbacken.

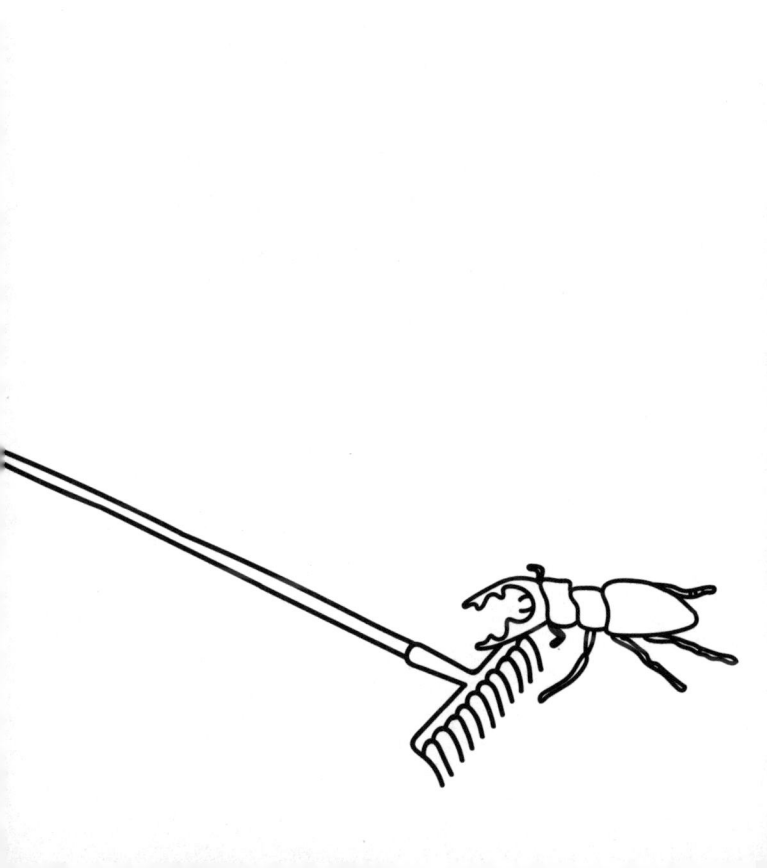

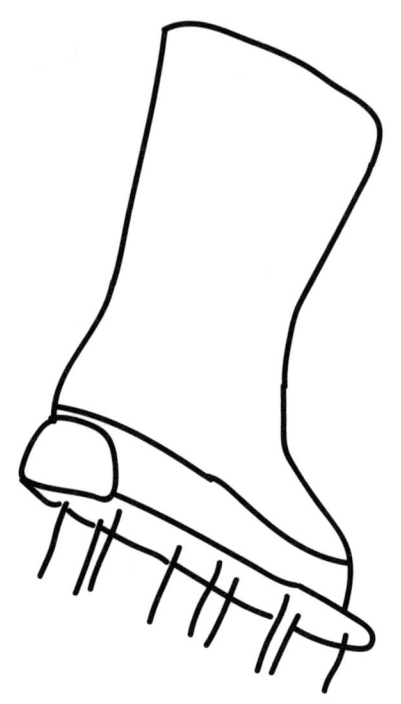

Das Schöne in der Nähe

Bei Wikipedia steht, Wochenendhäuser zeichnen sich dadurch aus, dass sich etwas Schönes in der Nähe befindet. Darüber habe ich nachgedacht und mich gefragt, was wir in der Nähe haben, was es zu Hause nicht gibt? Erst als ich den Aspekt „schön" außen vor ließ, fiel es mir endlich ein: die eigenen Fäkalien. In der Stadt sind sie schnell weggespült, auf dem Land aber sammeln wir die Fäkalien und Abwässer über Wochen und manchmal sogar über Monate, in einer Grube. Unser Dorf ist nicht an die Kanalisation angeschlossen. Jedes bewohnte Grundstück hat eine Grube an seinem Grundstückrand platziert, nah der Straße, mit einer schweren, geradezu biblischen Steinplatte drauf. Der Abwasserfahrer kann die Platte mit einem Stemmeisen bewegen, um das Saugrohr reinzusenken. Mit einem höllischen Lärm werden dann die Kubikmeter aus der Grube in den Tanklaster gepumpt, das Gemisch aus Duschwasser, Fäkalien, Klopapier, Wasch- und Spülwasser. Einmal im Jahr mache ich mit dem privatwirtschaftlichen Entsorgungsunternehmen die Termine für die kommende Saison aus. Manchmal müssen die Termine umgestellt werden, wenn man sich verkalkuliert hat und befürchtet, dass die Grube überlaufen könnte. Es gibt leider kein Messgerät für den Abwasserstand. Ein gewisser Gradmesser ist der Geruch und eine Berechnung, die mir eine Dame mal gab, als ich

mich über Naturkläranlagen informierte. Eine Naturkläranlage ist allerdings keine Option für eine Wochenend-
ler-Familie. Die Beraterin konnte es sehr plastisch formu-
lieren: „Die Naturkläranlage verhungert bei Ihnen", sagte
sie uns. Wir lieferten nicht genug Material. Bei einer
Grube aber hat man das gegenteilige Gefühl, man dusche,
wasche und scheide ständig viel zu viel aus. Und je mehr
sich die Grube füllt, desto mehr nimmt ein kohliger
Geruch im Haus zu, der sich von der Grube bis zur Kloschüssel rückläufig ausbreitet und gleich als erstes regis-
triert wird, wenn man Freitagabend das Haus aufschließt.
Brennende Kerzen im Bad helfen dagegen, und der Geruch verschwindet auch nach einigen Spülgängen.

Was aber an dieser Erfahrung ist so nah und gleichzeitig „schön", dass sich ein Erholungswert davon ableiten
ließe, im Sinne der Wikipedia-Definition für Wochenendhäuser? Ich hatte schon gesagt, dass Lärm entsteht,
wenn der Tankwagen die Abwässer absaugt. Der Fahrer
steht währenddessen neben dem Tanker und wartet. Es
dauert bis zu zehn Minuten, bis die Grube leer ist. Da ich
mich rasend gerne mit den Leuten unterhalte, die rund
um das Haus die Infrastruktur aufrechterhalten, habe ich
den Abwasserfahrer einmal angesprochen. „Schön, dass
Sie da sind. Ich hatte schon Angst, dass das Ding über-
läuft", begrüßte ich den Mann, der Ende Vierzig, Anfang
Fünfzig zu sein schien.

„Ist ja wirklich voll diesmal", sagte er.

„Ich hatte mich verkalkuliert, wir waren öfter hier als geplant, das Wetter war ja auch so schön."

„Sie wohnen in Berlin?" Er deutete auf unser Auto-kennzeichen. „In Berlin habe ich auch mal gewohnt. Nach der Volksarmee war ich Fahrer der Leibgarde von Erich Honecker."

„Wirklich?"

Er nickte. „Aber jetzt gefällt es mir besser. Weniger Stress, und ich kann mir die Fahrt selbst einteilen. Man ist viel an der frischen Luft."

„Schön", sagte ich. Schön ist ein unverbindliches und schwammiges Wort, aber es hat einen positiven Impuls, und es gibt einem Zeit, über eine bessere Bemerkung nachzudenken. Deshalb sage ich oft „schön", und ich lasse die Figuren in meinen Geschichten oft „schön" sagen, was ihnen aber einen leicht dekadenten, wenn nicht sogar dümmlichen Wesenszug verleiht. Als die Grube leer war, bediente er ein Tablet und druckte die Rechnung aus. Schriftlich trug er „6,5 qm" ein, was bedeutet, dass die Grube pickepacke voll war, es war Rettung in letzter Minute. Etwa fünfzig Euro würde die Firma später dafür berechnen. Ich fühlte mich grenzenlos erleichtert. Eine leere Grube, welche Verheißung. Ohne Angst die Geschirrspülmaschine wieder anschmeißen! Durchfaller-krankungen, auch kein Problem. Als der Fahrer den Motor startete, verabschiedete ich ihn mit Hackenschlag und militärischem Gruß. Zurück im Haus, überfiel ich die

Familie mit der Neuigkeit, dass unsere Abwässer von einem ehemaligen Leibfahrer von Erich Honecker weggeschafft werden. Der Erholungswert dieser Aussage war bemerkenswert. Zu wissen, dass die eigenen Fäkalien in den Händen von Leuten sind, die dramatische geschichtliche Umbrüche hautnah miterlebten, gab unserer eigenen Vergänglichkeit eine Spur von Historizität. Zumal hier die Aussage vorlag, dass lieber Prignitzer Abwässer als Staatsratsvorsitzende gefahren werden. Man stelle sich vor, in der Stadtwohnung würde man, beim Verlassen der Toilette, einen Angestellten der Wasserwerke im Flur antreffen, der einem erklärt, wo er früher gearbeitet hat. „Ich war nach der Realschule orientierungslos, habe dann im Rahmen einer Berufsorientierung im Schloss Bellevue die neuen Kloschüsseln installiert, aber seitdem ich für die Wasserwerke Ihre Feuchttücher aus dem Wasser fische, stehe ich morgens gerne auf und es gibt sogar ein dreizehntes Jahresgehalt." Solche erbaulichen Gespräche sind für Stadtklo-Holder leider nicht vorgesehen.

Das Problem
der Sonntagsruhe

Drei Jahre dauerte es, bis ich die Formel, um was es bei einem Garten gehen könnte, für mich fand. Ich bin ein verkopfter Mensch und muss über alles erst mal nachdenken, aber das Ergebnis kann trotzdem simpel ausfallen. Das große Thema des Gartens ist das Licht und der Kampf um das Licht. Jetzt ein Tusch bitte, denn das war die gesammelte Weisheit. Ich sehe mich als Schiedsrichterin, die den Kampf um das Licht überwacht, damit er fair bleibt. Die Frage nach meinem Standpunkt im Garten hätte auch anders ausfallen können, da ich eine Weile unter dem Eindruck einer Formulierung des Soziologen Zygmunt Bauman stand. Der beschrieb den modernen Staat als einen Gärtner, der selektierend bestimmt, wer in seinem Machtbereich gehegt und gepflegt wird und wer als Unkraut auf dem Kompost landet. Vielleicht habe ich Bauman falsch verstanden, aber genau so kam ich mir in meinen ersten Jahren der Gartenarbeit auch vor, als eine Art Proto-Faschistin, die in den Grenzen des Gartenzauns all jene Pflanzen zurückschlägt, die es wagen, auf das Gebiet zu kommen. Mit schlechtem Gewissen bekämpfte ich jene Pflanzen, die oben rüber oder unten durch wuchsen. Mit Stumpf und Stiel wollte ich sie weghaben. Das machte mir überhaupt keinen Spaß. Mit der Vorstellung, man sei nur ein kleiner, mieser Faschist und der eigene Garten ein Kriegsschauplatz, lässt sich nicht gut leben. Man bekommt einen Knall davon. Die wilde Brombeere ist weder illegal, noch will sie mir was wegnehmen. Ich finde zwar, die Brombeere ist die unheimlichste Pflanze, mit der ich es jemals zu tun gehabt habe, und es wird viel zu wenig dazu geforscht, doch eines weiß ich genau: Die Brombeere hat hinter unserem Garten ein weites Aktionsfeld zur Verfügung, ein von Menschenhand vollkommen unberührtes Biotop, da kann sie tun und lassen, was sie will. Und deshalb reiße ich sie bei uns am Haus auch beherzt raus. Aber ich bin deswegen keine faschistische Gärtnerin, zumal ich ohne Gift auskomme, ich benutze nur die Hacke, den Spaten, Scheren, Astschneider und meine Muskelkraft. Und während der Sohn Fußball spielt, der Mann eine Radtour macht und die Tochter auf einem Ausritt ist, treffe ich im Garten dutzendfach Entscheidungen darüber, welche stacheligen Ranken wo ausgerissen oder runtergeschnitten werden müssen, um anschließend auf einem Haufen zu verdorren, damit ich sie später verbrennen kann. Das Abbrennen muss sein, denn die Stacheln der Brombeere versauen einem sonst den Kompost. Der Garten ist ein Ort des Lichts, und Licht entsteht nicht durch Unterlassen.

Meine Aufgabe absorbiert mich so sehr, dass ich selbst nicht mehr reite, ich gehe kaum noch spazieren und ich mache auch keine Radtouren mehr. Der Garten ist mein

Aktionsfeld, ich bin die Kampfrichterin, und abends höre ich Beethoven. Es ist nicht einfach, die richtige Haltung zur Gartenarbeit zu bekommen. So richtig schön sozial-demokratisch und wohlig im Einklang mit der Natur fühlt es sich nicht an, wenn ich hunderte Meter Ranken abknipse und auf Maulwurfshügeln herumtrampele, bis sie flach sind. Ich sollte mit meinem inneren Garten-faschisten Frieden schließen. Wie machen das andere Leute bloß? Ich glaube, die machen sich keinen Kopf, für die ist das normal, schnipp-schnapp. Die Damen, die in ihren geblümten Laura-Ashley-Blusen in den Gartenbü-chern posieren, die lächeln immer so nett und konzen-trieren sich auf das, was sie anpflanzen, nicht auf das, was sie ausmerzen. Ich pflanze wahrscheinlich viel zu wenig an. Das wird es sein. Ich bin nur mit Abschneiden und Rausreißen beschäftigt. Wir besitzen fast zweitausend Quadratmeter Garten und nebenan nochmal ein wildes Gelände von fünftausend Quadratmetern. Aber das rüh-re ich nicht an, sonst sterbe ich noch an Überarbeitung. Das Gelände versinkt langsam in Dunkelheit.

Eines Tages hörte ich während der Gartenarbeit eine un-bekannte Stimme rufen, „Hee, Sie da" und „Hallo". Ein hagerer Mann stand am Zaun. Er winkte mir zu, ich sol-le kommen. Ich lächelte noch, weil ich annahm, gleich passiert etwas Nettes, und legte die Gartenschere bei-seite. Der Mann sah ein bisschen verkleidet aus, er trug einen weißen Piz-Buin-Hut, kurze Hosen und ein gelbes T-Shirt.

„Heute ist Feiertag", sagte er. Mir schlug seine Fahne entgegen.

„Ja", sagte ich. „Heute ist sogar Vatertag. Sind Sie betrunken?"

„Das tut nichts zur Sache. Heute ist Feiertag, da wird kein Rasen gemäht. Auch sonntags wird hier kein Rasen gemäht. Da ist Ruhe."

„Wer sind Sie überhaupt?"

Er sagte, dass er zwei Häuser weiter wohnt. Das ist etwa hundert Meter entfernt. In diesem Dorf sind die Grundstücke lang gezogen. Sein Name sagte mir nichts, aber dann fiel mir ein, dass er der Vater von Magnus sein musste. Magnus trafen wir manchmal am Fluss, wo er angelte und die Kunst der Arschbombe zelebrierte. Einmal erzählte Magnus, dass er die Gänseküken vom Bio-Landwirt stundenweise hütet, solange sie klein sind, damit der Fuchs sie nicht holt, während sie Gras fressen. Wär hätte gedacht, dass es noch Gänsehirten gibt. Aber mittlerweile ist Magnus kein Kind mehr, das freundlich aus seinem Leben erzählt, sondern ein schweigsamer Teenager mit einem Moped. Nun stand sein angetrunkener Vater vor meinem Zaun und erklärt mir die Dorfweltordnung.

„Die anderen in der Straße sehen das auch so. Der Lärm stört viele Nachbarn."

„Ich habe die Nachbarn gegenüber gefragt, ob es sie stört, wenn ich sonntags den Rasen mähe. Die wissen genau, dass wir es sonst nicht schaffen, weil wir meist nur am Wochenende hier sind. Können Sie das denn gar nicht verstehen?"

Er schüttelte den Kopf. „Sonntag und Feiertag ist hier Ruhe. Das ist so. Daran müssen sich alle halten, auch Sie."

„Hören Sie das?" Ich richtete den Finger zum Himmel.

„Was?"

„Dieses Brummen, das ist die Drohne, die hier ständig fliegt. Die ist auch feiertags unterwegs. Stört Sie das denn gar nicht? Wahrscheinlich werden wir gerade gefilmt. Das ist schlimmer als kurz mal rasenmähen."

Er war wenig beeindruckt. „Wenn das bei Ihnen nicht aufhört, dann weiß ich, was ich mache." Er drehte um und schwankte in seine Richtung.

„Ach ja? Was wollen Sie tun?", rief ich hinterher. „Da bin ich aber neugierig! Erst saufen und dann Nachbarn bedrohen! Sie haben wohl Mut getankt?"

Ich war furchtbar geladen und wusste nicht, ob ich den Rasenmäher oder den Rasentraktor zuerst anwerfen sollte. Die Motorsense wäre am lautesten gewesen, aber ich hatte bereits alles erledigt. Ich ging ins Haus und trank kaltes Wasser, um die aufgeputschten Gefühle zu beruhigen. Sollte ich klein beigeben? Gerne wollte ich bei der Angewohnheit bleiben, sonntags Rasen zu mähen. Aber auch wenn es meine direkten Nachbarn nicht störte, hundert Meter weiter sah man es also schon ganz anders. Ich radelte ins Nachbardorf, zum Reiterhof, wo die Tochter gerade von dem Ausritt kam. Der Gutsherr, Karl, trank ein Pinkus Spezial vor dem Hofcafé. Ich erzählte Karl von meiner Begegnung mit dem leibhaftigen Vatertag und fragte ihn, ob er die Sonntagsruhe auch so eng sehen würde. „Sonntags wird kein Lärm gemacht, Sarah, da herrscht Ruhe. Da machen nur die Städter den Rasenmäher an. Das musst du dir sofort abgewöhnen", sagte Karl.

Niederschmetternd, dass Karl, der in seiner ungeliebten Rolle als verhasster Gutsherr eigentlich andere Ansichten als die Dorfbewohner zu vertreten hatte, sich als ein glühender Anhänger der heiligen Sonntagsruhe entpuppte. Auch mein Mann war pro Sonntagsruhe, aber dafür konnte er nichts, denn er war katholisch. Katholiken dienen Gott, indem sie die Arbeit aussetzen. Protestanten wie ich aber dienen Gott, indem sie arbeiten, sogar sonntags. Ich aber würde jetzt dem heiligen Dorffrieden dienen, indem ich meine Lernfähigkeit bewies. Und seit jenem Vatertag sind die Sonntage ruhiger in der Prignitz. Der Rasentraktor steht friedlich in der Scheune, die Schwalben segeln über ihn hinweg und ich laufe mit der Grasschere ums Haus und bearbeite damit die Gräser am Eingangsbereich und rund um die Hintertreppe. Da gibt es Stellen, an die man mit dem Rasentraktor sowieso nicht gut heranreicht. Auch um die Blumenrabatte herum setze ich die Grasschere ein, denn die werden von Kopfsteinen gesäumt, die für das Traktorenmesser gefährlich sind. Die fast zweitausend Quadratmeter meines Gartens kann ich mit der Grasschere aber nicht bearbeiten. Ich muss alle Kraft in den Samstag legen. Sonntags liege ich auf meinem Deckchair und informiere mich über das „Sensen und Dengeln". Sensen und Dengeln ist geräuscharm. Die Methode ist nicht einfach zu lernen, und dafür gibt es Workshops in Sachsen und im Allgäu, die sind immer schnell ausgebucht.

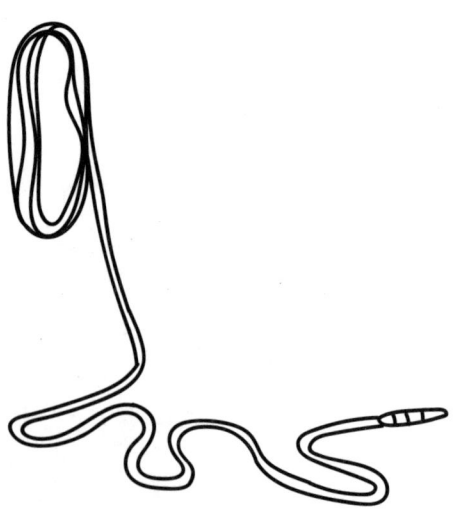

Meine Dienstleister

Johanna saß an einem frühen Sommertag in bunter, skandinavisch-quadratischer Kleidung in meinem Garten und legte die Füße hoch. Ich lernte die süddeutsche Naturwissenschaftlerin, die als Gast an der Universität unterrichtete, über gemeinsame Freunde kennen. Weil sie sich für Brandenburg interessierte, wollte sie mich unbedingt besuchen. Sie nahm die Regionalbahn und fuhr die letzten Kilometer mit dem Rad. Wir saßen bei Käse und Brot zwischen Haus und Scheune, das ist jener Teil des Gartens, der sich wie ein Wohnzimmer anfühlt, weil er von zwei Wänden begrenzt wird – von der Haus- und einer Scheunenwand. Die Petroleumlampe schien, Mückenspray und Rotwein flossen, und Johanna versicherte mir, dass sie ganz viel Potenzial in der Bruchbude sah. Ich war ihr nicht böse. Sie hatte keine Ahnung, wie viel Arbeit so ein Haus mit sich bringt und wie viel Arbeit wir schon geleistet hatten, und dass es nicht damit getan ist, einmal zu Ikea zu fahren und eine Wand zu streichen. Und natürlich wusste ich, dass die langsam verrottende Scheune, die als Abstellraum diente, viel mehr sein könnte als eine langsam verrottende Scheune. In meinen Träumen sehe ich sie als urigen Gastraum vor mir, mit einer großen Tafel und einem Kamin. An den beiden Längsseiten möchte ich Glas-Flügeltüren einsetzen, statt der

Scheunentore, um die Scheune blickdurchlässig zum hinteren Gartenbereich zu machen.

„Ich würde gerne mit jemandem darüber sprechen, der wirklich Ahnung hat", sagte ich. „Aber man bekommt auf dem Land keine Architekten. Die wenigen, die es gibt, nehmen nur noch Großaufträge an."

„Oh, da kann ich dir einen Architekten empfehlen", sagte Johanna. „Der hat schon einiges umgebaut." Sie gab mir seine Nummer, und ich rief ihn bald darauf an. Nennen wir ihn Carsten. Das Gespräch mit Carsten dauerte zehn Minuten und blieb unverbindlich. „Und du bist also ein Freund von Johanna?", fragte ich ihn noch. Er überlegte kurz und sagte dann: „Ja."

Wenige Wochen später, als Johanna wieder zu Besuch kam, strahlte sie mich an: „Carsten möchte heute kommen und sich das Haus ansehen!"

Er verspätete sich und es war fast schon dunkel, als er eintraf, was mich ärgerte, denn wie will man sich im Dunkeln ein Haus und eine Scheune ansehen?

„Woher kennst du ihn nochmal?", fragte ich Johanna, als er seinen schwarzen Architekten-Saab parkte.

„Von Tinder", sagte sie leise.

Aus dem Auto stieg ein leisetreterischer Schnösel. Er stürzte sich in Johannas Arme, als sei er von einer gefahrvollen Reise heimgekehrt. Langsam löste er die Umklammerung. Da wir gerade beim Abendessen saßen, setzten wir ihn vor einen Teller Nudeln. Das Kochen und Bewirten in Erwartung seines hohen Besuchs hatte mich ohnehin hektisch gemacht, deshalb laberte ich ihn unkontrolliert voll. Er bekam die Weltgeschichte des Hauses, des Ankaufs und aller bisherigen Bemühungen zu hören. Während der anschließenden Tour durch das Haus wurde offenbar, dass er auf der Suche nach Leuten war, die Geld scheißen oder sich für seine ästhetischen Vorgaben mindestens verschulden würden. Er bedauerte zutiefst, dass wir bereits so viel – und vor allem so kleindenkerisch – renoviert hatten. „Schade", sagte er dreimal zu viel. Zimmer für Zimmer wurde sein Schrecken größer. „Man könnte alles nochmal neu denken", sagte er. Ich ließ mich für die Dauer eines Glas Weines voll darauf ein, riss mit ihm das Badezimmer ab, veränderte den Zimmerzuschnitt und legte den Eingang neu. All das verpuffte in dem Moment, als er den Motor startete. Bevor er in die Nacht verschwand, turtelten Johanna und er noch im Garten. Später traf Johanna ihn noch einmal in der Stadt, aber dabei wurde ihr klar, dass er nicht der Richtige für sie war. „Er trauert noch um seine Familie, die ihn vor zwei Jahren verlassen hat." Sie war sehr verständnisvoll, hatte auch schon neue Verehrer an der Hand. Sie zu bitten, mir Bescheid zu geben, sollte sie mal einen Fliesenleger, einen Maurer oder Heizungsbauer kennenlernen, wäre sinnlos, Arbeiter und Handwerker waren nicht ihr Beuteschema.

Einmal erreichte uns die wundersame Kunde von einem Gärtner, der sei „echt richtig nett" und arbeite auf Rechnung, vorschriftsmäßig, mit Steuersatz und Rechnungsnummer, keine Schwarzarbeit, was in dieser Geolage sensationell anmutet. Ich machte einen Termin aus und wir erwarteten ihn an einem Samstag im Häuschen. Er kam nicht und meldete sich auch nicht oder wie es hier oft heißt: „War nüscht weiter jewesen." Später erfuhren wir, er sei krank gewesen, was den Ärger vergessen ließ, und etwa ein Jahr später versuchte ich es nochmal. Er kam gleich mit der ganzen Familie angefahren, mit Frau und zwei Kleinkindern. Ich hatte genug Kuchen für alle da. Wir saßen im Garten und schilderten ihm unsere Wünsche und Probleme. Wir hatten kurz zuvor in einem anonymen und öffentlichen Bieterverfahren der Bodenverwertungsgesellschaft die verwilderte und zum Teil auch vermüllte Wiese nebenan gekauft. Sie war früher, als unser Haus noch die Dorfschule war, als Sportplatz genutzt worden. Sie war zu zweitausend Quadratmetern als sogenanntes „Bauerwartungsland" deklariert, dazu kamen dreitausend Quadratmeter Biotop, weiter hinten, Richtung Fluss. Über das Bieterverfahren wurden die Anwohner durch einen Brief der Bodenverwertungsgesellschaft informiert, auch gab es in der Regionalzeitung eine Annonce. Wir machten uns über einen Ankauf erst ernsthaft Gedanken, als die ersten Interessenten auftauchten. Es waren junge, kräftige Brandenburger mit soliden Lebensplänen. Sie fuhren sofort ab, als sie realisierten, dass weiter hinten ein Fluss seinen Weg nahm. Das fand ich übertrieben, denn bei dem Fluss handelte es sich um einen schmalen, geradezu romantischen kleinen Fluss, an dessen Ufern Kühe saufen und einst Slawenstämme siedelten, die Doxani, aus denen erst viel später diese kräftigen Brandenburger hervorgehen sollten. Es gab nicht einmal motorisierte Schifffahrt auf dem Fluss, dafür gute Fischgründe, Biber, und im Sommer paddelten Kanuwanderer vorbei. Wir entschieden uns endgültig, ins Bieterverfahren einzusteigen, als wir erfuhren, dass die Flurstücke so zugeschnitten waren, dass wir nach dem Verkauf der Nachbarwiese unseren Holzschuppen und unseren Apfelbaum verlieren würden. Der Apfelbaum aber war ein Dreisortenbaum mit grünen, roten und rot-grünen Früchten – eine Art Kulturnaturdenkmal, das ich nicht abgeben wollte. Der Lehrer der Dorfschule hatte diesen Dreisortenbaum selbst gezogen. Er hatte beide Grundstücke nutzen dürfen, den Garten und den Sportplatz, unabhängig von Flurstücken und Grundbuchverhältnissen. Sollte in Zukunft ein neuer Nachbar seinen Zaun ziehen, würden wir was verlieren.

Dann mussten wir rauskriegen, wie viel – oder wie wenig – man bieten musste, um den Zuschlag zu erhalten. Würden drei Euro pro Quadratmeter reichen? Also 15.000 Euro? Oder doch mindestens fünf Euro? Die Bodenverwertungsgesellschaft gab keine Auskunft, das durfte sie nicht. Da traf ich Manfred auf der Dorfstraße. Er war Pensionär und hatte Erfahrung mit Bieterverfahren, weil die in der Gegend häufig vorkamen. Er war überzeugt davon, dass sich aus dem Dorf niemand auf die Wiese bewerben würde und jedes Gebot über fünftausend Euro verschwendet sei. Soviel Mumm hatten wir dann doch nicht, wir boten 6.001 Euro für das ganze Grundstück. Die Bodenverwertungsgesellschaft war dazu verpflichtet, dem Höchstbietenden zu verkaufen, und das waren dann wir. Ob wir das Grundstück auch für zehn Euro bekommen hätten, wissen wir nicht. Als nächstes ging es darum, die Wiese begehbar zu machen und sie zu entmüllen. Hier kam der „echt nette Gärtner" ins Spiel, der jetzt in unserem Garten saß und seine kleine Tochter mit Kuchen fütterte. Wir baten ihn, zwei tote Bäume zu fällen, Sträucher und Gestrüpp zu roden, die Wiese von allen Ranken zu befreien, den Müll einzusammeln und zu entsorgen und alles zu sensen und begehbar zu machen. Er verwies zunächst auf strenge Vogelschutzzeiten, in denen die Sträucher, in denen genistet wird, nicht angefasst werden durften. Außerdem sagte er, Müllentsorgung mache er nicht. Wir zeigten ihm die Wiese, deuteten auf die toten Bäume und liefen in Richtung Fluss, soweit man überhaupt gehen konnte, ohne in einen Dachsbau zu fallen oder über Wurzeln und Ranken zu stolpern. Die Bodenverwertungsgesellschaft verkauft Grundstücke, ohne sie vorher schick zu machen, und man nimmt sie, wie sie sind, außer man kann es anders vereinbaren, was wir aber versäumt hatten. Der Gärtner ließ sich die Sonne auf die Nase scheinen, atmete tief ein, sagte mehrfach, „es ist so wunderschön, so friedlich". Und er sagte mehrfach, wir seien „supernette Leute". Er sagte mir wörtlich ins Gesicht: „Ihr seid supernette Leute."

Ich muss zugeben, das zog bei mir. Im Nachhinein fällt mir auf, dass er alle gärtnerischen Fragen an mich zurückgab, zum Beispiel die Frage nach dem Brombeerproblem. Um Brombeeren loszuwerden, meinte er, müsse ich zwei Jahre lang schwarze Folie auf den Boden aufbringen. Es gäbe keine andere Lösung, damit war das Thema für ihn abgehakt.

Im Grunde war er zu keinerlei Arbeit wirklich bereit, entweder weil er „sowas nicht mache" oder weil Naturschutzauflagen ihn hinderten. Er schickte einen Kostenvoranschlag mit einer Kalkulation für 35 Arbeitsstunden, die auf 1.500 Euro Gesamtsumme hinauslief. Wir waren einverstanden, wenn das auch viel Geld war, aber die Wiese war sehr groß und sehr verwildert, und gerade das Baumfällen hat seinen Preis. Dann passierte weiter nichts. Die Nachbarin von gegenüber erwähnte, es wäre ein Mann mit einer Motorsense plus einer Frau in buntem Strickpulli und zwei kleinen Kindern auf dem Grundstück gewesen, etwa drei Stunden lang, keine Minute länger. Irgendwann trafen per E-Mail Fotos ein, die seine Arbeit dokumentierten, und dazu die Rechnung. Er hatte fotografiert, was erledigt war, schlauerweise nicht das, was nicht erledigt war. Die zwei toten Bäume standen noch, und die Müllsäcke voller Dachpappe, die jemand daran angelehnt hatte, auch. Wir hatten seine Rechnung blöderweise schon gezahlt, wir sind ja „supernette Leute", hatten dann aber kein Druckmittel mehr in der Hand, um Nacharbeiten zu verlangen. Wir baten das Paar aus dem Nachbardorf, das ihn uns ursprünglich empfohlen hatte, ihn darauf anzusprechen. Dort aber war „der echt nette Gärtner" nicht mehr erwünscht, sie sagten, sie würden ihn mit dem Hund fortjagen, sollte er nochmal auftauchen. Was vorgefallen ist, ich weiß es bis heute nicht. Der „echt nette Gärtner" kam dann nochmal zum Kaffeetrinken zu uns, wieder mit Frau und Kindern. Er hörte wieder nicht richtig zu, genoss aber die friedliche Stimmung in unserem Garten und sprach auch sehr dem Kuchen zu.

„Ihr seid supernett", sagte er wieder und gab sich einsichtig, was die verlangten Nacharbeiten betraf. „Ehrlich gesagt, ich habe weniger Zeit gebraucht als vereinbart. Ihr habt noch Stunden frei bei mir", sagte er.

Das fand ich einen guten Zug an ihm. Seine Frau, in ihrem schönen selbstgestrickten Schlabberpulli, lächelte mich freundlich an, dann packten sie die Kinder zusammen und fuhren ab. Er kam nie wieder.

Seine Frau könne ihn nicht mehr fahren, sagte er am Telefon, sie habe keine Zeit. Jetzt erfuhren wir, dass er zwar selbstständiger Gärtner war, aber nicht Auto fahren konnte. Deshalb schleppte er zu jedem Termin die gesamte Kelly Family mit sich rum. Er sagte endgültig ab mit seinen berühmten Worten „Ihr seid supernett. Ich habe aber Stress mit meiner Familie, ich muss mich jetzt um meine Kinder kümmern. Ihr seid wirklich supernett und euer Garten ist wunderschön."

Ich habe mich sehr über diesen eiskalten Lügner geärgert, bekam die Wut, wenn ich nur an ihn und an seine stets lächelnde Frau dachte, die genau wusste, wie das Spielchen ausgeht. Mich ärgerte, dass ich der duften Tour auf den Leim gegangen war. Mittlerweile kennen wir einen Gärtner, der zuverlässig ist. Größere Arbeiten, die nur eine Gartenbaufirma erledigen kann, die eine Bühne mitbringt, um bis in die Baumkronen zu kommen, bleiben aber schwierig. Diese Firmen sind ausgelastet mit den Aufträgen der Gemeinden, und gerade nach Stürmen kommen sie mit der Arbeit kaum nach. Es kann zwei oder drei Jahre dauern, bis ein Obstbaum geschnitten oder eine hohle Linde gekappt ist, und dann nochmal Monate, bis auch die liegengebliebenen Äste weggeschafft sind.

Sicher hat es auch damit zu tun, dass wir als Auswärtige nicht genug sozialen Druck ausüben können, weil wir nicht dazu gehören, weil es nicht so schlimm ist, wenn es vor dem Haus der Wochenendler unordentlich aussieht. Schwung in die Dienstleister kommt, wenn sich die Nachbarn einschalten. Wenn die Nachbarin, die Versicherungsagentin ist und den halben Landkreis unter sich versichert hat, direkt beim Chef anruft und den Abtransport der Äste anmahnt. Oder wenn Manfred, der Pensionär, vorschlägt, dass er selbst mit der Firma spricht, die die Robinien kappen soll, die am Rand der verwilderten Wiese stehen und sein Haus gegenüber verschatten. „Die kennen mich schon", sagte Manfred und zwinkerte mir verschwörerisch zu. Da hieß es, den eigenen Stolz runterschlucken und Manfred alles Weitere überlassen. Er würde der Firma das Tor aufschließen und den Baumschnitt überwachen. Derart, dass alles so gemacht wird, dass Manfred in seinem Arbeitszimmer wieder zufrieden in der Sonne sitzt. Natürlich ist es kränkend, dass keiner auf uns hört, aber auch Manfred setzt sich nicht immer durch. Der Chef der Gartenbaufirma, ein sympathischer Typ, der mit der tiefen Stimme eines Hans Hartz gesegnet ist („Die weißen Tauben sind müde"), weigerte sich, die Robinien so weit zu kürzen, wie Manfred sich das vorstellte. „Das wird den Bäumen nicht bekommen", soll der Fachmann gesagt haben, korrigierte die Wipfel mit einer elektrischen Teleskopsäge, schnitt noch etwas von der zehn Meter hohen Birke runter, und empfahl sich. Manfred war enttäuscht und spazierte noch lange kopfschüttelnd an unserer Wiese vorbei. Als dann ein heißer, trockener Sommer kam, war er froh über sein schattiges Haus.

Ansprüche

Das Haus erwartet, dass man immer kommt, nicht nur am Wochenende, sondern auch die Ferien in ihm verbringt. Dass man es lüftet, pflegt und wärmt, dass man sich um den Garten kümmert, die Dorfstraße kehrt, den Briefkasten leert, die Mäuse vertreibt, die Spinnweben abnimmt, die Fensterbänke auswischt, die Vogelkästen füllt, das Gras um die Fußmatte herum stutzt, Musik anmacht, Vasen aufstellt. Aber das schafft man nicht. In den Osterferien klappte es gar nicht, da flogen wir zur Documenta nach Athen und erkundeten die Peloponnes. Die Kunde von der Reise verbreitete ich im Dorf sehr gerne: „Wie war Ostern das Wetter? Wir waren in Griechenland, 25 Grad!" Das war nicht nur als Angeberei gemeint, es sollte vor allem einen falschen Eindruck geraderücken. Die Dorfbewohner reisen, wenn sie Urlaub machen, ins Ausland oder in sogenannte Feriengebiete, und es kommt mir vor, als würden sie von uns denken, wir wären komisch, weil wir Ferien dort machen, wo sie wohnen. Dass ich auch normal sein konnte und in den Süden fuhr, wollte ich wenigstens einmal zum Ausdruck bringen. Ich bildete mir ein, sie schauten mich skeptisch an, als würden sie mir nicht glauben.

Auch in den letzten Herbstferien waren wir keinen einzigen Tag draußen. Das Auto war in der Werkstatt, eine

Erkältung machte alles zu beschwerlich, und der Sohn wollte nach München, wir hatten Karten für ein Heimspiel des 1. FC Bayern München geschenkt bekommen, was eine sensationelle Gelegenheit war. Wir verbrachten entspannte Tage in München, und es war das erste Mal, dass ich nicht daran dachte, was ich draußen alles verpassen würde. Wichtig ist, sich wegen der Zeitkonflikte nicht mit dem Partner oder den Kindern zu streiten und selbst nicht zu hadern. Ich musste erst lernen, die Bedürfnisse von Haus und Garten nicht auf mir zu spüren. Das Haus hat große Bedürfnisse, und es hat nur dich und deine kleine Familie, um sie gestillt zu bekommen, außer du schaffst es, eine größere Gruppe – eine Kommune oder einen Freundeskreis – einzubinden. Dass ich das zwar jedem rate, selbst aber nicht durchsetzen kann, ist in der Widersprüchlichkeit sicher deutlich geworden. Der einzige Ausweg erscheint mir, eine gewisse Ignoranz an den Tag zu legen, auch wenn das Haus wieder Druck macht, indem es krank wird oder Unheil beschwört. Plötzlich sind wieder Mäuse da, obwohl zwei Jahre Ruhe war und scheinbar alle Löcher mit Beton und Stahlwolle geflickt sind. Plötzlich leben große Spinnen um das Bücherregal. Ziegel fallen vom Dach. Monstermarder und andere wilde, unbekannte Tiere hinterlassen riesige Haufen an deinen Lieblingsstellen im Garten, obszön gespickt mit glänzenden, Schleim überzogenen Kernen wilder Beeren. Das sind Zeichen, dass das Haus quengelt, schreit und dich bestrafen will, weil du zu wenig kommst. Ich musste erst lernen, gelassener damit zu sein, niemand warnte mich, dass der ständige Zeitkonflikt eine weitere Bitternis im Umgang mit dem Häuschen auf dem Land bedeutet. Ich haderte die ersten Jahre und war meinem Mann gegenüber leider oft enttäuscht und vorwurfsvoll, wenn wir es wieder nicht rausschafften und im Anschluss vieles, was mühsam verspachtelt, vernagelt und geflickt worden war, verwittert oder aufgenagt vorfanden. Dann lagen kleine Fetzen von Dämmmaterial, die die Mäuse auf ihrem Weg ins Haus in ihren Backen transportiert hatten, auf dem Fußboden herum. Die winzigen Löcher in der Wand oder zwischen Türschwelle und Bodenfliesen sahen aus wie aus der Trickfilmserie *Tom und Jerry*, nur mit dem hyperrealistischen Unterschied, dass Köttel auf Boden und Sofa verstreut waren. Ich lag dann die halbe Nacht wach und informierte mich über die Folgen der Ansteckung mit dem Hunter-Virus, das durch Mäusedreck übertragen wird. Kommissar Hunter erschien mir im Schlaf, der dicke, freundliche Kommissar, der an der Seite von Micky Maus in den Comics auftritt, um Kater Karlo im vorletzten Panel zu verhaften, doch er half mir nicht beim Putzen.

Dann gibt es noch das wehe Ziehen im Herzen, wenn es ein schöner Sonntag ist und man in der Stadt festsitzt. Wenn man bemerkt, dass zwar Frühling ist, die schönste

Zeit des Jahres, wir es aber wochenlang nicht rausschaffen werden, trotz der vielen Feiertage. Dann blutet das Herz der Gärtnerin, und ich schleppe mich durch die Straßen und denke an meine Tulpen. Sie blühen nur kurz im Jahr, je nach Sonnenintensität, und haben sonst kein Publikum, das ihnen applaudiert. Solange sie sich aus der Erde stoßen, sind sie fleischig und kräftig, dann strecken sie sich, werden prächtiger, gelb und rot, bis sie mit zunehmender Wärme ins Verblühen übergehen, gelblich welken, und man die Blätter noch stehen lässt, damit die Zwiebeln Energie tanken, für ein weiteres Jahr im Dunkeln. Jeder Tag im Garten ist für sich einmalig, hat seine Farben und Ereignisse, und kein Tag lässt sich nachholen. Werde ich die Blüte vom Schneeball sehen? Die orangenen Blüten der Je-länger-je-lieber-Ranke? Sehe ich die kurze Phase, wo die purpurnen Taubnesseln den Rasen dominieren, bevor sie von den schneller wachsenden Gräsern verdeckt sind? Werde ich den Gundermann blühen sehen, seinen violetten Teppich? Da erschallt der Schmerzensschrei durch die Stadt: „Mein Flieder! Ist der etwa schon verblüht?" Dass der Flieder auch in der Stadt blüht, ist kaum ein Trost, und ja, Tulpen gibt es im Park und auf jeder Verkehrsinsel. Ich war einmal eine überzeugte Bürgerin, die sich am Gemeinwohlgrün erfreute, an Magnolien und japanischen Kirschen. Früher war das so. Jetzt sehe ich alles aus der Hausbesitzer-Perspektive und bin unfrei. Um wieder frei zu sein, stelle ich mir vor, ich bin reich und mir gehören viele Häuser auf der Welt und es ist mir scheißegal, was diese Häuser von mir wollen, die haben nix zu wollen. Wichtig ist, wo ich gerade bin, und nicht, wo ich nicht bin. Das ist ein Alptraum für mich. Die Vorstellung, viele leere Häuser zu besitzen, überfordert mich. Meine Herkunft spricht auch dagegen. Ich wurde Anfang der 1970er Jahre in einen Hamburger Pastorenhaushalt geboren, mein Opa war Pastor und Sozialdemokrat, Lutheraner und Barthianer, und er beschwor stets das Gleichnis, dass eher ein Kamel durch ein Nadelöhr geht, als dass ein Reicher in den Himmel kommt. Und wie der Himmel aussieht, wurde unter Johannes 14,2 klipp und klar ausgeführt: „In meines Vaters Haus sind viele Wohnungen." Wohnungen, nicht Wochenendhäuser. Und weiter heißt es da: „Wenn es nicht so wäre, so wollte ich zu euch sagen: Ich gehe hin, euch die Stätte zu bereiten." Wohnungen und Stätten, nicht mal vom Paradiesgarten ist hier noch die Rede.

Ein weiterer Grund, warum das Haus leer bleibt, selbst wenn „Sa / So" im Kalender steht, hat mit den Bürgerpflichten zu tun, die wir uns auferlegt haben. In meinem Fall sind das Bezirksdelegiertenkonferenzen, Klausurtagungen oder Vorstandssitzungen derjenigen Partei, der ich vor wenigen Jahren beigetreten bin, oder der Vereine, in denen ich aktiv bin. Bei Demos gegen Mietenwahnsinn oder Antisemitismus laufe ich gelegentlich auch mit oder ich übernehme eine Schicht am Kuchenstand des Handballvereins oder des Bratwurststands des Fußballvereins meiner Kinder, während eines langen Turniertags. Auch das muss ein Wochenendhaus aushalten, auch wenn es nicht wissen kann, wieso es im Stich gelassen wird. Ich verspreche dem Häuschen: Sobald die Kinder älter sind, sobald ich sonst kein Leben mehr neben dir habe, kümmere ich mich mehr um dich, dann komme ich auch unter der Woche, und dann sollen sich die Mäuse warm anziehen. Es ist nicht mehr lange hin. Ich werde schon alt, die Kinder sind schrecklich bald groß.

Ein Wort noch zu der Anspruchshaltung derjenigen lieben Freunde, die mein Wochenendhaus mit den Worten „Oh, da kann man viel draus machen!" betreten.

Ich erkenne darin eine Erwartungshaltung, dass es auf dem Land – bei den städtischen Wochenendlern – chic auszusehen hat. Die Erwartung, dass es zwar ländlich eingebettet, aber im Inneren chic sein muss, die würde ich natürlich gerne erfüllen, ich schaffe es nur nicht. Obwohl ich einiges Geld in spanische Fliesen investiert habe, die in drei verschiedenen Farben die Küche verschönern. Die sehen richtig gut aus. Aber das reichte als Maßnahme nicht. Es sieht bei uns nicht annähernd so aus wie in den landlustigen Heften oder Do-it-Yourself-Büchern, in denen leinenbetuchte Menschen Birne-Rosmarin-Essig keltern und mit ihrem freundlichen Golden Retriever an der Seite Wiesenblumensirup einkochen. In den Kulissen aus Patina und Ordnung lächeln und genießen diese Zombies demonstrativ ihr Wiederauftauchen, das mir aus den Heimatfilmen der Nachkriegszeit zu kommen scheint. In den neo-bourgeoisen Settings stellen sie ihre Anschlussfähigkeit zur Schau. Ihre Gärten blühen in Reih und Glied, die Bedeutung von Tischwäsche wird unterstrichen und die immer sauberen Fenster sind von schweren Vorhängen gesäumt. Antiquitäten setzen Akzente, und in der Ecke steht eine bezaubernd anzusehende durchgerostete Gießkanne. Wenn aber in Wirklichkeit rote und blaue Plastikgießkannen in der Ecke stehen, die niemals rosten, und eine aufgerissene Cornflakespackung auf dem Tisch umkippt und Fliegenschiss und Vogelkacke an den Fenstern schillern, es überall im Haus rieselt und bröckelt, und immer kommt Sand rein, dann ist bei Weitem noch nicht alles aufgezählt, was deine Hütte von der Traumkulisse der hybrid-preußischen Gutshaus-Wiedergänger unterscheidet.

Hilfsweise wurde vor einigen Jahren der „Shabby Chic" erfunden, mit dem Unzulänglichkeiten elegant kompensiert werden können, doch auch daran kann man scheitern. Was mache ich mit einer antiken, chinesischen Teekanne, der leider der Originaldeckel fehlt? Das fragte sich eines Tages auch meine Tante C. und schenkte sie mir fürs Wochenendhaus. Die Kanne ist orange, rot und weiß bemalt, sehr schön anzusehen, eine Kostbarkeit, allerdings nicht authentisch chinesisch, sondern alt-deutsch-chinoise und ohne Deckel und immer ein biss-chen unpraktisch, denn ungedeckelter Tee wird schnell kalt. Wenn man einen Untersetzer drauflegt, muss man diesen beim Ausschenken festhalten. Dazu kommt der Umstand, dass man dazu neigt, alte, abgetragene Klamot-ten mit ins Häuschen zu nehmen. „Die alte Jeans, wo der Reißverschluss kaputt ist und der obere Knopf abgerissen, die war mal teuer, die kann ich noch als Gartenhose neh-men." Triff mich, wenn ich mit der rechten Hand aus der chinesischen Teekanne ohne Deckel Tee ausschenke und die Untertasse, die den Deckel ersetzt, verkrampft mit dem Daumen halte, während ich mit der linken Hand meine Hose am Runterrutschen hindere. Dieses Bild als Poster, das wäre Landhaus-Aufklärung. Vielleicht sollte ich stolz darauf sein, dass es bei uns nicht aussieht, als hätten wir unsichtbares Dienstpersonal. Ein Wichtel-männchen, das schon zufrieden ist, wenn es mit Gänse-klein und Runkelrüben ausgezahlt wird. Andererseits gibt es viele Zeitgenossen, die ein Händchen für Schön-heit und Design haben, die sich Behaglichkeit schaffen. Wir gehören nicht dazu, aber dem lag am Anfang, als wir das Haus kauften, auch eine sehr bewusste Entscheidung zugrunde. Gleich im ersten Jahr entschieden wir uns, nur das untere Stockwerk mit den drei Zimmern zu renovie-ren und auch nur vier Monate dafür zu veranschlagen. Wir wollten unbedingt die Sommerferien im Haus verbringen. Die Kinder waren noch in einem Alter, wo sie das Leben auf dem Land genießen konnten, in einem Haus ohne Internet. Wo sie mit Ponyreiten, Badeausflügen, Radtouren zum Bauern und abends Grillen zufrieden waren. Wir entschieden uns, die unmittelbare Nutzung vorzuziehen. Und so wurde das Häuschen nicht zum Schauplatz einer unendlichen Sanierung und ästhetischen Selbstverwirklichung. Nachdem der alte Putz abgeschlagen und alle Holz-Paneele und Dachlatten rausgerissen waren, fanden wir eine Trockenbaufirma, die neue Decken einzog und die Wände auf 2 Millimeter kalkte. Anschließend strichen wir mit einer Mineralfarbe die Wände und Decken weiß, renovierten noch in großer Hektik die Küche, kauften bei eBay Kleinanzeigen ein Doppelwaschbecken aus weißer Keramik, einen gebrauchten Elektroherd, ein Sofa und eine Geschirrspülmaschine und richteten uns mit ein paar Kommoden, die aus dem Antikschuppen an der Autobahnausfahrt stammten, und mit Betten von Home24 ein. Die Verwandtschaft spendierte Kleinmöbel, Besteck und Geschirr, darunter etliche Milka-Weihnachtstassen und Alpro-Soja-Gläser, aber es waren auch wirklich schöne Sachen darunter, zum Beispiel ein vollzähliges Bauhaus-Besteck.

Das sich derartig zusammensetzende Flair entspricht nicht der Klischeevorstellung von einer „liebevoll renovierten Dorfschule im Grünen". Da muss ich jetzt wohl um Entschuldigung bitten, wenn Sie das gedacht haben sollten, wenn die inneren Bilder von einem gelingenden, schönen Leben enttäuscht werden, weil wir den Style nicht haben. Diese Enttäuschung kenne ich selbst, und man kann das wahrscheinlich nur überwinden, indem man sich klar macht, dass man kein Großbürger ist und niemals einer sein kann. Wir haben es aus dem Schrebergarten der angestammten Kleinbürgerkultur herausgeschafft und besitzen ein Steinhaus auf dem Land, während wir für eine Stadtwohnung in zentraler Lage Miete zahlen. Wir haben viel erreicht. Kleinbürger bleiben wir doch.

Immerhin ist meine Ehe nicht in die Brüche gegangen und auch nicht an den typischen Problemen von gegenseitiger Überforderung und Anspruchshaltung zerbrochen. Was eine Gefahr ist, wenn man kleine Kinder, wenig Zeit, begrenzte Kräfte und Finanzmittel hat und trotzdem so einen irrsinnigen Plan wie den Kauf eines alten Hauses zu Freizeitzwecken verfolgt. Das halb renovierte Wochenendhaus wird warten müssen, bis der große Wurf kommt. Bis der erste Stock ausgebaut wird. Bis ein neues Dach kommt und eine Heizung die Kachelöfen ersetzt. Aber mehr Style geht gerade nicht. Vielleicht verstehen mich einige, wenn ich behaupte, dass das trotzdem viel ist? Für unsere Verhältnisse. Mein Vater hat uns einmal besucht, ein Pakistaner, der 1947 auf dem Gebiet von Indien geboren wurde und seit fünfzig Jahren in Deutschland lebt. Er hatte noch nie einen Fuß nach Bran-

denburg gesetzt und war angenehm überrascht, dass wir
da draußen überhaupt einen Kühlschrank besitzen.

Endgültig in die Gefahrenzone begeben sich meine lieben
Gäste, wenn sie mir mit der Frage kommen: „Wie lebt es
sich eigentlich mit Mäusen?" Erst kürzlich fragte das eine
Freundin, so unschuldig, als hätte ich es mir ausgesucht,
mit Mäusebefall umgehen zu müssen. Als wären Mäuse
eine vermeidbare Sache. Mäuse sind da draußen, sie sind
unter dem Haus und um das Haus herum, sie sind immer
hungrig, und sie wollen rein, und man muss dagegen an-
gehen. Es ist ein Krieg, den man gewinnen kann, aber es
gibt Rückschläge. Alle im Dorf gehen gegen Mäuse vor.
Ein Nachbar erzählte mir, bei ihm im Schuppen hätten
die Mäuse im Winter sogar das Bio-Kettensäge-Öl aufge-
fressen, mitsamt Plastikverschluss, so sehr waren sie vom
Hunger getrieben. Alle im Dorf, in ihren isolierten, ständig bewohnten schönen Häusern passen auf, dass es die
Maus nicht rein schafft. Viele haben Katzen, aber ich bin
Katzenhaarallergikerin. Außerdem können Katzen nicht
so einfach auf einen abwechselnden Rhythmus zwischen
Wohnung und Haus/Garten gewöhnt werden, versicher-
ten mir Katzenkenner. Katzen brauchen pro Revier eine
lange Eingewöhnung, und ob sie dann auf die Mäuse gehen oder lieber Singvögel reißen, bleibt abzuwarten.
Mäusefallen stellen wir auf, wenn wir Befall bemerken
und im Haus sind, damit wir die Fallen gleich leeren kön-

nen. Köder mit Kontaktgiften nutzen wir nicht, weil die Mäuse erst später verenden, wenn sie draußen sind. Das wollen zwar viele Hausbesitzer genau so haben, damit die Kadaver nicht in der Wand verwesen, aber dann wäre die Folge, dass sich auch Raubvögel, Igel und Fuchs vergiften, sobald sie die Maus fressen. In unserem Landkreis gibt es Adler, Störche, Eulen, Milane, Falken, Uhus – Kontaktgifte verbieten sich. Was wir gegen Mäuse tun, ist, neben Fallen aufzustellen, die Löcher immer wieder zu reparieren und Lebensmittel unzugänglich aufzubewahren. Dafür eignen sich verschließbare Cargo-Kisten oder die Nudelpackungen kommen zur Not auch in den Kühlschrank. Ich staune nur immer wieder, was Mäuse alles fressen. Einmal schaffte es eine Maus, vermutlich über den Schlauch des Geschirrspülers, hoch auf die Arbeitsfläche und kletterte bis zum Gewürzregal, wo sie eine Packung Gulaschgewürz aufnagte. Aber dann hörte sie auf zu fressen, und ein Häufchen rostrotes Pulver blieb auf der Arbeitsfläche zurück. Entweder wurde sie high, fand etwas anderes oder vergiftete sich an dem hohen Salzgehalt und zog sich zum Sterben zurück. Einmal fand eine Maus eine Packung Röhrennudeln, die jemand dummerweise auf einem unteren Regal liegengelassen hatte, und sie transportierte jede einzelne Röhre zu einem Versteck, das war dann meine Bettdecke. Dort ordnete die Maus alle Röhren geradezu militärisch an, nebeneinander und Reih' um Reih'. Ich erschrak mich zu Tode, als ich nach der Winterpause die Decke zurückschlug, um sie zu lüften, und das Klacken der Nudeln hörte. Dann erst sah ich die Nudeln auf der Matratze liegen, und kein einziger Mauseköttel dabei. Wenn sie wollte, konnte die Maus sich beherrschen. Ich lebe nicht gerne mit Mäusen, und das stundenlange Putzen, das ansteht, wenn sie wieder drin gewesen sind, kann mir richtig die Laune verderben. Auch anderen Wochenendlern geht es so, aber man spricht selten darüber. Und auch wenn die Magazine, die Lust aufs Landleben machen wollen, nichts über Mäuse schreiben, ist das Thema im Baumarkt präsent. Doch wie gesagt, Kontaktgifte töten am Ende auch andere Tiere, vor allem Raubvögel.

Wenn ich Tipps brauche, google ich oder frage meine Tante C., die in Schleswig-Holstein lebt und eine erfahrene Gärtnerin ist. Sie hat mir geraten, gegen Wühlmäuse Narzissen-Zwiebeln um das Haus zu pflanzen. Und den Maulwurf erstmal walten zu lassen, denn der kleine Grabowski frisst Wühlmäuse, vor allem die Brut. Maulwürfe mögen es ihrerseits nicht, sagte die Tante, wenn man alte, ausgetriebene Knoblauchknollen in die Hügel und Gänge steckt, auch das dient als natürliche Barriere.

Ich kann keinen bestimmten Gartenblogger empfehlen, ich lese immer nach Stichwort, wenn ich eine Frage habe, die ich auch in Worte fassen kann. Oft muss ich vorher den Namen der Pflanze recherchieren, die mich gerade interessiert, und das kann Tage dauern, wenn man es nicht gewohnt ist, Pflanzen systematisch zu differenzieren. Oft frage ich Nachbarn und zeige ihnen die Fotos der Pflanzen auf meinem Handy. Da meine Fragen sich selten auf Pflanzen beziehen, die aus dem Baumarkt stammen, wissen sie meist auch nicht, was das sein soll. Ist das Bärenklau oder Frauenmantel? Sowas darf man seine Nachbarn nicht fragen. Viele meiner Pflanzen stammen von den Vorbesitzern oder fanden sich plötzlich ein. Ackerhalm, Hirse, Schlüsselblume, Septemberblume waren plötzlich da und sind sehr unterschiedlich zu bewerten. Die Fetthenne, auch die kleinere Englische Fetthenne, eine lila blühende Bergaster und die Herbstzeitlose wurden vor langer Zeit schon von dem Lehrerehepaar gepflanzt, die ihnen gute Standorte gaben. Das alles musste ich erst einmal identifizieren und dann damit umgehen, was heißt, dass ich auf dem Traktor drumherumfahre oder es kürzen muss, dass ich den Pflanzen Schatten zugestehen oder ihnen den Schatten wegnehmen muss, weil sie viel Sonne brauchen, um zu blühen. In dem Pflanzenlexikon, das ich vom Flohmarkt habe und früher nur benutzte, um Blätter zu pressen, lese ich nun öfter. Darin fand ich nach langer Suche auch die Kanadische Goldrute, die als Wildpflanze in Brandenburg stark verbreitet ist und bis zu 2,50 Meter hoch wächst. Sie ist erschreckend anspruchslos und gedeiht auf jeder Schutthalde. Im Spätsommer blühen ihre gebogenen Rispenäste gelb und leuchten bis Ende Oktober. Das ist eigentlich ganz hübsch anzusehen, aber sie ist ein Neophyt, der einheimische Pflanzen verdrängt. Andererseits ist sie eine Bienenweide, die selbst auf Magerrasen gedeiht. Zu ihrer Präsenz musste ich bald eine Haltung finden, denn sie verbreitete sich rasend schnell im Garten. Ich habe sie an vielen Stellen ausgraben müssen. Am liebsten würde sie sich zwischen den Johannisbeersträuchern breit machen, die schien sie zerstörerisch zu lieben. Nur drüberzumähen half nichts, ich musste den Spaten holen. In vielen Büchern steht, man könne die jungen Triebe der Kanadischen Goldrute essen oder aus den Rispen Tee oder Gewürz herstellen, aber das wäre mir unheimlich. Viele Gartenbuchautoren und Blogger schreiben über Pflanzen, als hätten wir ratsuchenden Hobbygärtner vor allem mit Hunger, Harnwegsinfekten, Entzündungen und Bauchkrämpfen zu kämpfen. Bei jeder Pflanze wird als erstes die anti-entzündliche, krampflösende und Harnwegsinfekt lindernde Wirkung hervorgekehrt, und in welchem Wachstumsstadium ich die Pflanze essen kann, gerne mit dem Hinweis „zuzubereiten wie Spinat". Solche Phrasen haben sich wahrscheinlich durch den Einfluss der Amateur-Naturkundlerin Maria Treben tradiert und sprachlich festgesetzt. Die vielfache Nutzung dieser Topoi gehört zu den Ödnissen der deutschsprachigen Gartenliteratur. Manchmal erfährt man doch Interessantes. Einmal las ich, Ameisen hassen 8er-Kies. Kies wird von den

Herstellern numerisch nach Größen kategorisiert, und 8er-Kies ist eine ziemlich kleine Kiessorte und für Ameisen das nervigste Hindernis auf der Welt. Sie müssen ewig drüberlaufen, um ans Ziel zu gelangen. Wenn man Ameisenstraßen und Ameisenbrutstätten am Haus hat und sie nicht töten will (Ameisen sollte man sowieso nicht töten, und die viel gepriesene Backpulver-Zucker-mischung ist wirklich perfide), sondern sie nur umlenken möchte, dann kann man es mit 8er-Kies versuchen. 8er-Kies ist im Baumarkt leider nicht leicht zu bekommen, oft gibt es nur Kiesmischungen, die wenig 8er-Kies enthalten. Oder der Baumarkt will einem groben, weiß gefärbten Kies verkaufen, der vor allem für die Freunde der pflege-leichten (grauenhaften) Steingartenmode gedacht ist. 8er-Kies findet sich oft noch an den Zufahrten alter Villen, denn das knirscht so schön erotisch unter den Reifen, wenn Daddy mit seinem Jaguar einfährt. Ich nehme mir gerne eine Handvoll 8er-Kies mit, wenn ich an einer Villa vorbeikomme, wahlweise an einer Nervenheilstätte oder einem Parkhotel, die haben auch oft noch gekieste Zu-fahrten, und stecke ihn in meine Manteltasche. Den ein-gesammelten Kies streue ich dann um meine Gartentrep-pe, die jeden Sommer zum Ameisen-Highway wird, und warte ab, ob das hilft. Ich glaube, ja.

Bromberta

Über das Leben auf dem Land kann man geteilter Meinung sein, aber das Todsein muss schöner sein als in der Stadt. Wer auf einem Dorffriedhof liegt, wird immer jemanden finden, der einem das Grab gießt und das Unkraut zupft. Ein Dorffriedhof ist grundsätzlich mitten im Dorf, und wenn das mal anders sein sollte, dann hat das besondere Gründe. Ein Dorffriedhof ist um die Kirche oder Trauerkapelle angelegt und der Blick auf die Gräber wird nicht von hohen Hecken versperrt, damit jeder den Toten des Dorfes zunicken und die Grablichter brennen sehen kann. Grablichter werden angezündet, damit man die Toten auch in der dunklen Jahreszeit nicht vergisst. Die Dorfkinder lernen, wenn wieder mal Beerdigung ist, dass derjenige, der den dicksten Kranz bekommt, nicht der netteste Mensch im Leben gewesen sein muss, aber das wichtigste Mitglied im Schützenverein. Natürlich werden auch auf dem Land die Sektionen für Urnen und anonyme Bestattungen größer, das wird von den Bestattern ja so angeboten. Ob ich selbst auf dem Dorf begraben sein möchte, kann ich aber noch nicht sagen. Auf jeden Fall möchte ich eine Erdbestattung, nicht ins Feuer. Aber ich würde es nicht mögen, wenn mein Grab in Stille versinkt, ich hätte lieber was los um mich, was für den Stadtfriedhof spricht, da hört man wenigstens die Geräusche von der Straße. So selbstlos bin ich auch nicht, dass ich auf die Besuche meiner Familie verzichten möchte. Meine Kinder und Kindeskinder sollen oft an mein Grab kommen und von sich erzählen, sonst werde ich noch böse und suche sie heim.

Apropos böse, da fällt mir eine Geschichte ein, die sich zugetragen hat, als Joakim, der Kim genannt wird, einmal unser Häuschen einhütete. Es war Mitte August, die Sommerferien waren gerade vorbei, und Kim rief an. Er sagte, er habe Burn-out, er könne kaum schlafen, seine Freundin habe sich von ihm getrennt, sein liebvoller Stiefvater sei kurz zuvor gestorben, und er würde mich gerne mal auf dem Land besuchen, er hielte es in der Stadt gerade nicht aus. Das traf sich gut, wir hatten wieder eine Phase, wo wir eigentlich keine Zeit hatten, uns um Haus und Garten zu kümmern. In den Ferien waren wir wochenlang draußen gewesen, aber der Sommer war ja noch nicht zu Ende, wer würde die Birnen und Pfirsiche pflücken. Hatte ich schon erzählt, dass in Brandenburg Pfirsiche wachsen? Ist das nicht unglaublich? Sie tragen nicht unbedingt jedes Jahr, aber alle drei, vier Jahre biegen sich die schlanken Bäume, weil sie so voll hängen. Es sind kleine, eher harte Früchte, aus denen man Marmelade kochen oder sie für Kuchen verwenden kann.

Ich bot Kim an, er könne das Häuschen einen Monat bewohnen, kostenlos, wenn er sich ein bisschen nützlich machen würde, Rasen mähen, gießen, Hornissen und

Hummeln aus dem Haus scheuchen. Ich hatte das schon einigen Freunden und Verwandten angeboten, aber er war der erste, der das auch annahm. Ich schätzte Kim so ein, dass er in praktischen Dingen was drauf hatte. Ich kannte ihn schon länger, aber nicht besonders gut. Er hatte, viele Jahre zurück, als er nach Berlin gekommen war, als Amateurkoch in einem Szeneladen gearbeitet, dann betrieb er die Kantine eines Co-Working Space und gründete mit Freunden ein Start-up, das schnell wieder verkauft wurde. Mehr wusste ich nicht. Man denkt ja, so jemand hat ausgesorgt. Wir fuhren ihn mit einer Ladung Lebensmitteln, Wein und Klopapier raus – er hatte kein Auto – und wiesen ihn in den Gebrauch des Rasentraktors, der Wasserpumpe, der Motorsäge, Sense und des Warmwasserboilers ein. Ich stellte ihn den Nachbarn vor, damit die sich nicht wunderten, und machte einen Gang durchs Dorf mit ihm. Ich zeigte ihm die Badestelle am Fluss, wo Elfen Hochzeit feiern, was man daran erkennt, sagte ich, dass am nächsten Tag Rosenblätter auf dem Fluss treiben (er erwiderte nichts, machte aber auch keinen Witz darüber). Ich zeigte ihm Adolf und die anderen Mini-Shettys, den Eierverkauf der Eier-Irma und die Störche. Noch waren sie mit ihren zwei Jungen da. Ich bat Kim, dringend Bescheid zu geben, sollten sich die Störche zum Abflug sammeln. Das ist für mich der Moment, wo der Sommer vorbei ist, dann verstellt sich die Uhr, die man im Herzen trägt, es zieht kurz und tut weh. Man könnte auch sagen, diesen Moment will man gar nicht spüren, aber es ist besser, den Moment wahrzunehmen, den die Störche bestimmen.

Kim hatte richtig Glück mit dem Wetter, er konnte morgens bis abends im Garten sein. Er las Krimis und tat sonst nicht viel. Wir haben viele Krimis im Haus, von Tana French, Fred Vargas, Lee Child, Robert Galbraith, Nicci French und Candice Fox, dazu noch ein paar skandinavische Krimis, deren Titel mit „Frost", „Blut", „Schnee" und „Mord" variiert werden, Blut im Schnee, Mord bei Frost. Mein Mann spricht manchmal davon, einen Krimi schreiben zu wollen, der in der Ostprignitz spielen soll, und während der Autofahrten baut er aus den Ortsnamen Krimititel. Aus Lellichow wird „Leichen in Lellichow", aus Kyritz an der Knatter wird „Der Killer an der Knatter" und aus Friesack wird auch etwas Blutrünstiges. Ich glaube, das gehört zur Entspannung auf dem Land einfach dazu, so zu denken und rumzualbern, das ist nicht böse gemeint, das ist eine Qualität. An Unterhaltungselektronik gibt es im Haus einen Fernseher, eine Wii mit einem Dutzend Spiele und ein Radio. Wir haben immer noch keinen Internetanschluss, wir vertagen das ständig aufs nächste Jahr, aber immerhin gibt es eine zuverlässige Anbindung an das Mobilfunknetz, wenn auch nicht an ein schnelles. Wenn wir eine größere Datei versenden wollen, fahren wir zum Gut, da gibt es ein Gäste-WLAN, klingt fast wie Gästeklo.

Kim verbrachte die ersten Tage nur mit Krimis. Die Dorfstraße ging er nur runter, um sich aus der Kiste der Eier-Irma Eier zu holen, das Geld kam in die Kasse des Vertrauens. Ihre Eier sind köstlich, das Dotter ist von stechendem Gelb, und am besten schmecken sie wachsweich, mit Schnittlauch aus dem Garten und Kräutersalz aus Reginas Kräutergarten (aus Lellichow). Nachdem alle Mörder überführt waren, kam Kims Tatendrang zurück. Ihm fiel die Brombeerhecke im hintersten Teil des Gartens auf. Sie war über den Zaun gekommen und hatte die gesamte hintere Ecke verdunkelt. Sie rankte an Bäumen hoch, kam von oben und unten gleichzeitig, und nahm sich Licht und Platz, wo sie nur konnte. Kim zog sich gefütterte Lederhandschuhe an, eine langärmelige Jacke und seine dicksten Jeans, damit die Stacheln ihn nicht verletzen. Er holte sich den Spaten aus dem Schuppen und schliff ihn, damit er schön scharf war, um die Brombeerwurzeln und die meterlangen unterirdischen Geflechte zu durchtrennen. Weiterhin mit Garten- und Astschere bewaffnet fing er an, die Invasion zurückzuschlagen. Abgeschnittene Ranken und ausgegrabene Wurzeln legte er auf einen Haufen. Am Ende des Tages hatte er an die hundert Meter Brombeergeflecht entfernt. Am nächsten Tag machte er weiter. Die Ranken vertrockneten in der Sonne. Er schnitt sie in Stücke und verbrannte sie in der Feuerschale. Er stand am Feuer, trank Wein, und die Ranken verwandelten sich in dünne Schnüre grauer Kohle.

Seine Finger brannten von den Stacheln, die ihn trotz der Handschuhe verletzt hatten, auch an den Waden gab es üble Ratscher. Doch die Wiese war zurückerobert, das Licht in diesen Teil des Gartens zurückgekehrt. Kim fühlte sich gut, er hatte zwei Tage lang nicht an Zahlen gedacht, das war etwas, was ihn sehr anstrengte. An Zahlen zu denken, ohne auf sie wetten zu können, war die Hölle, durch die er seit Monaten ging. Er hatte uns angelogen, sein Stiefvater lebte noch und es gab keine Freundin, die ihn hätte verlassen können. Wahr war, dass er durch seine Spielsucht viel Geld verloren hatte. Deshalb hatte er seine Wohnung an eine Akademiker-Familie aus Amerika untervermietet. Er hatte kein Geld für die Miete übrig und wanderte durch den Freundeskreis. Wenn immer jemand in Ferien war und eine Wohnung frei wurde, hütete er sie mit der gleichen Mitleidsgeschichte ein. Ein Haus auf dem Land, ohne Internet, mit viel Arbeit im Garten, das reizte ihn eigentlich wenig. Am Ende des Sommers hatte er kaum noch Optionen, deshalb hatte er mich angerufen. Doch nun machte es ihm Spaß. Den Spaten legte er ins Gras, er wollte am nächsten Tag weitermachen.

In der Nacht hatte er einen Traum. Eine Ranke erschien an seinem Bett, sie war durch das gekippte Fenster geschlängelt und formte aus Blättern und Beeren einen Körper. Sie griff nach seinem Handgelenk, streichelte ihn. Während sie ihn hielt, wechselte ihre Farbe von grün zu lila, dann von rot zu blau, es war, als fühlte sie seinen Puls. Sie hatte keine Worte, keinen Mund, aber sie hinterließ eine Botschaft. Sie sagte, sie hieße Bromberta und sie sei eine Tochter des Flusses. Der Fluss sei ihre liebe Mutter, die viele verschiedene Kinder habe. Ihre Geschwister seien die Forellen und die Elfen, aber die hätten sie fortgejagt, seien gemein zu ihr gewesen und hätten von ihr verlangt, in diesen Garten zu kommen und ihn zu überwuchern. Es täte ihr leid, ihn deshalb verärgert zu haben. Wenn er wolle, würde sie ihm eine schöne Zahl schenken. Wie sie nun wisse, nachdem sie seine Hand gehalten habe, sei ihm eine Zahl das Wichtigste auf der Welt.

Am nächsten Morgen wachte Kim mit Kopfschmerzen auf und sein Blick fiel als erstes auf den Stapel Krimis neben dem Bett. Er schüttelte sich, kochte sich einen starken Kaffee. Er ging in den Garten und brachte den Spaten in den Schuppen zurück, er wollte heute etwas anderes tun. Er trat vor das Haus. Wir hatten ihm gesagt, solle er großen Tatendrang verspüren, könne er die Fensterläden abnehmen und neu streichen. Das Material hatten wir schon gekauft, er brauchte sich nur zu bedienen. Er stellte Holzböcke auf, holte die Leiter und hob einen Fensterladen aus den eisernen Scharnieren. Er zog die Farbe mit einem Spachtel ab und schliff nach. Es gab auch einen Heißluftföhn im Haus, aber der war nicht nötig, der alte Anstrich blätterte wie von selbst ab. Während er im Vorgarten arbeitete, grüßten ihn die Nachbarn und Radler.

Die polnischen Arbeiterinnen, die aus der Pilzfabrik kamen, nickten ihm zu. Er hörte die Rufe der Fußballspieler vom Vereinsplatz. Der Trecker vom Ökohof düste mehrfach vorbei. Am Nachmittag spazierte ein Huhn mit schwarzen Federn vors Haus und schaute ihn durchdringend an. Als es abdrehte, folgte er dem Huhn bis zur Eier-Irma. Er klingelte, denn die Eierkiste stand nicht vor dem Haus. Irma kam raus, eine aschblonde Frau in ihren Fünfzigern, sie trug einen Kittel. Sie kam gerade von der Arbeit in der Kreisstadt. Montags war sie dort Putzkraft im Heimatmuseum und im Naildesign-Studio. Dienstags und Donnerstags half sie im Fliesenland aus. Und in der Saison war sie wochenends im Seehotel beschäftigt und half bei Veranstaltungen auf der angegliederten Kegelbahn. Der Kittel passte für alle Tätigkeiten.

„Ich weiß, wer du bist ", sagte sie. „Du bist der Berliner."

Kim sagte, er wolle Eier kaufen, er hatte aber nur einen Schein, den Irma nicht wechseln konnte. Sie sagte, sie tausche auch.

„Gegen Schnaps?", fragte er.

Nein, lachte sie, Obst oder Gemüse aus dem Garten wären ihr lieber.

Sie gab ihm die Eier. „Wir haben Birnen und Äpfel", sagte Kim.

„Die habe ich selbst genug", sagte sie. „Sonst habt ihr nichts?"

„Brombeeren?"

„Nehm'n wa!" So lernte er Irma kennen.

Er brachte ihr von der veredelten Sorte, die hinter der Scheune wuchs, einen Eimer Früchte. An dem Tag ging er noch zur Badestelle, die versteckt im Dorf lag, hinter dem Hügel. Der seltsam hohe Hügel bestand aus den Überresten eines Guts, das man in der Nachkriegszeit, nachdem die Flüchtlinge aus den Ostgebieten auf alle Häuser verteilt waren, platt gemacht hatte. Der Abriss des Guts schien notwendig, um den sozialistischen Spirit hochzuhalten.

Er ging zu der Stelle, die ich ihm gezeigt hatte, wo Elfen Hochzeit halten. Dieses Phänomen, viele Rosenblätter auf dem Fluss, hatte ich schon mehrfach gesehen und dann eine Geschichte daraus gemacht, die ich den Kindern erzählte, als sie noch in einem empfänglichen Alter waren. Man erzählt solche Geschichten, als gäbe es keine Wahrheit. Kim aber wusste, dass es Elfen gab. Er hatte nur lange nicht mehr an sie gedacht. Als er jung war, noch keine zwanzig, hatte er sie gesehen, es war in Schleswig-Holstein, auf Gut Basthorst. Er war auf einem Sommerfest der Handwerker und Händler, die in den restaurierten Fachwerkhäusern rund um das Gutshaus lebten oder arbeiteten und Mieter des Freiherrn von Ruffin waren. Einer der Mieter war Kims damaliger Stiefvater, der handelte mit gebrauchter Kleidung aus Amerika. Er hatte irre viel Geld mit gebrauchten Levi's 501-Jeans verdient, weil alle, die damals was auf sich hielten, vor allem Schüler,

Studenten und die so angesagten Popper, zerschlissene 501 trugen. Als die Modewelle aber vorbei war, blieb Kims Stiefvater auf Tonnen zerschlissener Jeans sitzen. Auf dem Sommerfest schmiss er sie, eine nach der anderen, eine ganze Nacht durch, in das Feuer. Manchmal knallte es, da platzten Gewehrpatronen, die Amerikaner ließen oft ihre Patronen in ihren Hosen zurück. Das Knallen lockte die Elfen an. Sie saßen in den Büschen ums Feuer und grinsten böse. So sah es für Kim jedenfalls aus, denn die Elfen, die er sah, hatten breite Mäuler, die von einem Ohr zum anderen reichten, und aus den Mundwinkel ragten kleine, spitze Zähnchen. Auch ihre Öhrchen liefen spitz zu. Sie hatten lange Haare und trugen menschenähnliche Kleidung. Es waren schmale, kleine Wesen, sehr mager, doch furchteinflößend. Kim war zu bekifft, um die anderen darauf aufmerksam zu machen, aber auch zu bekifft, um abzustreiten, dass dies die Wirklichkeit war. Er saß lange da, hörte die Patronen knallen und starrte in die Gesichter der unheimlichen Wesen, die in den Büschen rings um das Feuer kauerten und so scheinbar böse grinsten. Am Morgen waren sie verschwunden. Ich denke, es müssen Dunkel-Elben gewesen sein, die sind in Norddeutschland verbreitet und kommen nur nachts an die Oberfläche, tagsüber leben sie unter der Erde. Das habe ich aus dem Buch *Die Welt der Naturgeister* von Nancy Arrowsmith (von 1986) erfahren.

Kim war nicht der einzige, der an diesem Nachmittag an der Badestelle war. Auch drei junge polnische Arbeiterinnen lagen auf einer Decke und genossen ihren Feierabend. Er zog sich aus und stieg über die Treppe in den Fluss. Am Boden hatte jemand Autoreifen fixiert, damit man besser stehen und sich abstoßen konnte. Er schwamm gegen den Strom, ließ sich wieder treiben, schwamm erneut gegen den Strom und spielte toter Mann, um die Libellen anzulocken. Der Flussboden war weicher als Watteflocken. Da spürte er mit den Zehen eine Kante, der Fuß tastete, am Boden lag ein glatter Stein. Er tauchte und holte ihn hervor, er war schwer und so groß wie zwei Blatt Papier. Es war schwarzer Granitstein, der Teil einer alten Grabplatte. An der einen Seite war er abgerundet und rechts von der Bruchstelle stand die Zahl „23". Der verbliebene Teil von „1923", das Todesdatum derjenigen Person, dessen Grabstein dies war. Er legte den Stein auf die Wiese und schaute die Polinnen ratlos an. Eine Frau bekreuzigte sich. Er zog sich an und nahm den Stein unter den Arm. So torkelte er zurück, mit nassen Haaren, einem Handtuch im Nacken und einem Stück Grabplatte, mit der Zahl, die Bromberta ihm geschenkt hatte. Die Geschichte ist jetzt fast zu Ende. Kim blieb noch drei Wochen im Häuschen. Er rief nicht an, als die Störche sich zum Abflug sammelten. Den Fensterladen hängte er wieder ein, ohne ihn gestrichen zu haben. Dafür freundete er sich mit der Eier-Irma an und half im Seehotel beim Grillen aus, bei Hochzeiten und Jubiläen. Als Irma erfahren hatte, dass er mal Koch war, bekam er gleich Arbeitsangebote, für tageweise und saisonal. Das machte ihm Spaß, es war schnell verdientes Geld. Mitte September kamen wir raus und staunten, wie gut es ihm ging, aber er wollte mit uns am nächsten Tag zurück nach Berlin. Er hatte frische Pfifferlinge organisiert, wir kochten und tranken Wein. Nach Mitternacht, als zwei oder drei Flaschen ausgetrunken waren, erzählte er, dass er spielsüchtig sei, dass er Schulden habe und sein Vermögen in Wettbüros verzockt hatte. Monatelang hatte er im Wedding und in Kreuzberg auf Hunderennen, Fußballspiele und Pferde gewettet. Damit wir verstanden, warum er plötzlich so ehrlich war, musste er von Bromberta erzählen, dem wilden Lebewesen, das vom Fluss kam, ihm eine Zahl versprochen und das Versprechen eingehalten hatte. Er erzählte von den Elfen auf Gut Basthorst, vom Schwimmen im Fluss, wie er die Zahl bekam. Bromberta hatte ihn danach noch besucht. „Sie ist ein einsames Wesen", sagte Kim. „Sie ist verzweifelt auf der Suche nach Freundschaft. Es ist leider genau diese Eigenschaft, die sie so unzuverlässig macht. Ich könnte nicht ihr Freund sein."

Ich vermutete, dass er von sich selbst sprach. Es konnte nicht anders sein.

„Um den Elfen zu gefallen, kam sie in euren Garten. Die Elfen brauchen das Dickicht der Brombeere, ihren

Schutz und Schatten, um sich bewegen zu können, sie hocken in den stacheligen Höhlen, wo ihnen keiner etwas tut, niemand sie erkennt. Dort leben sie."

„Was wollen die Elfen in meinem Garten?", fragte ich.

„Soweit ich Bromberta verstanden habe, wollen sie nur gucken. Ihr müsst euren Garten hell halten. Solange ihr Licht habt, müssen sie am Fluss bleiben. Oder du hältst dir Hühner. Elfen hassen Hühner."

„Oje", sagte ich, denn auch ich hasste Hühner.

Er strich zärtlich über den Stein und die Zahl, ich fand das gruselig und hätte mich nicht darüber gefreut. „Was willst du damit machen?"

„Wenn man eine Mulde reinfräst, kann ich ihn als Aschenbecher benutzen", sagte er.

„Und was hat die Zahl zu bedeuten?"

„Keine Ahnung. Alles Mögliche."

„Wirst du wieder wetten? Alles auf die 23?"

„Ich wette nicht mehr. Vielleicht sterbe ich 2023."

„Quatsch!", sagte ich erschrocken.

„Irgendjemand wird 2023 sterben."

„Trotzdem Quatsch. So läuft das nicht."

„Ja, so läuft das nicht", sagte er. Wir umarmten uns und gingen schlafen.

Am nächsten Tag fuhren wir mit ihm zurück. Er hatte Eier im Gepäck, die Irma ihm zum Abschied geschenkt hatte, und den Grabsteinbruch. Wir ließen ihn am Westhafen raus, an der Ringbahn. Ich habe ihn seither nicht mehr gesehen oder gesprochen. Er sagte zum Abschied: „Aus dem Haus kann man echt was machen. Lasst es nicht so verrotten." Als er an der Treppe war, drehte er sich nochmal um. Ich ließ das Fenster runter. „Was gibt's?"

„Ich glaube, ihr habt Mäuse", rief er.

„Hast du welche gesehen?"

„Nein, aber mir war so!"

„Das bildest du dir ein!", rief ich. „Du spinnst!"

Kim lachte, winkte, dann war er weg.

Winterschlaf

Das Haus geht in den Winterschlaf. Theo kommt, er besitzt einen Kompressor, damit hilft er uns, das Wasser aus den Leitungen zu holen. Damit über den Winter nichts platzt. Auch aus dem Geschirrspüler, aus dem Boiler, aus der Waschmaschine muss das Wasser raus. Bisher hatten wir immer Glück, die Leitungen blieben heil. Auch die Wasseruhr im Keller, die wir mit Lammfell umwickelten und die schon bei minus ein Grad platzen kann, überstand bisher jeden Winter. Nur einmal waren wir mit der Waschmaschine nicht sorgfältig genug, der Magnetverschluss ging kaputt, was aber von einem Monteur aus der Kreisstadt repariert werden konnte, weil es eine alte, mechanische Waschmaschine war, ohne Computertechnik. Dieses Jahr sind wir wieder spät dran mit allem, haben es zu lange aufgeschoben. Der Winter fing mild an, dann gab es Frost, und man hat keine Zeit. Es ist jedes Jahr so, wir schieben es zu lange auf. Im Haus steht schon halbgefrorenes Bier, halbgefrorene Marmelade, das Olivenöl ist starr und trüb. Alle Flaschen kommen in eine Tüte und dann mit in die Stadt. Eine Maus war im Haus. Ich schmeiße alles weg, wo sie dran gewesen sein könnte. Irgendein Depp hatte eine Packung Knäckebrot im unteren Regal gelassen. Ich fege, mache Wasser im Wasserkocher heiß, ziehe Gummihandschuhe an und fange an, die Tische und Arbeitsflächen abzuwischen. Einige Töpfe werde ich erst im Frühling sauber machen, die stapele ich nur. Wir stopfen das verdächtige Loch mit Stahlwolle. Blaues Frostschutzmittel kommt in die Waschbecken, in die Dusche und in die Toilette. Ich gieße eine halbe Flasche Bitter Lemon in die Kloschüssel, ich mag die süße Limonade nicht im Garten ausschütten. Im Haus ist es kälter als draußen. Draußen sind es fast zehn Grad. Die weißen Septemberblumen stehen noch. Ich hänge Meisenknödel in die Zweige. Das klingt einfacher, als es ist. Mein Mann füllt die Vogelkästen auf. Ich harke den Vorgarten, entferne Birkenreisig und bringe drei Schubkarren Blätter nach hinten, zu dem Haufen, wo die Biomasse zum Verrotten hinkommt. Die Zweige stapele ich extra, die werden Ostern verbrannt oder geben das Material für eine Totholzhecke ab. Bevor ich den Strom abschalte, mache ich ein Foto vom Stromzähler. Der Stromanbieter schickt die Karte zur Ablesung grundsätzlich im Winter. Auf dem Land haben wir grünen Strom.

Als alles getan ist, essen wir den mitgebrachten Kuchen im Auto und starren auf das Haus. Es starrt nicht zurück, es schläft schon fest. Wir bringen die Flaschen zum Container und fahren in der Dämmerung zurück in die Stadt. Es ist ein Abschied für drei oder vier Monate. Solange man keinen Winter im Dorf verbringt, kann man nicht dazu gehören, heißt es. Wieso eigentlich nicht? Ich glaube, solange man den Nachbarn kein Gehör schenkt, wenn man nichts von ihren winterlichen Fernreisen erfährt, von dem Schnee in ihrer Einfahrt, von ihren Kuraufenthalten, Skatabenden, Theaterbesuchen, von ihren Festen und Gästen, gehört man nicht dazu. Aber das ist nicht schlimm. Jeder übersteht den Winter auf seine Weise. Wir kommen im März wieder, an einem sonnigen, warmen Tag, wenn die Schneeglöckchen fast schon verblüht sind. Dann werde ich die leeren Netze der Meisenknödel abnehmen, die Fenster aufreißen, die Decken zum Lüften auf die Fensterbretter legen, die Öfen anheizen, das Wasser anstellen, warme Luft hineinlassen, damit die Kälte hinausströmt und das Haus erwacht.

Auch in der Reihe
Ein Ort

Jan Fischer: Bahnhof

Jan Fischer versucht, mehr als nur Bahnhof zu verstehen. Gekonnt verwebt er seine persönlichen Beobachtungen mit soziologischer Raum-Theorie von Marc Augé über Georges Perec bis hin zu Alain Corbins Geschichte des Geruchs: ein Text für alle, die das Zugreisen und die Eisenbahn-Romantik lieben und ihren Blick auf Bahnhöfe bereichern wollen. Und die, ganz zeitgemäß, nachhaltiger Urlaub machen wollen: zu Hause, mit neuem Blick auf das Bekannte.

„Das triviale wie melodramatische Bahnhofstreiben."
Deutschlandfunk Kultur

„Nach der Lektüre wird man Bahnhöfe definitiv anders wahrnehmen."
Weltenbummler Mag

© mikrotext 2019, Berlin

www.mikrotext.de
facebook.com/mikrotext
twitter/mkrtxt
instagram.com/mikrotext

1. Auflage 2019

Cover und Illustrationen: Inga Israel
Satz: Sarah Käsmayr
Schriften: PTL Attention, Minion
Druck und Bindung: Kopa, Kaunas

Printed in Lithuania

ISBN 978-3-944543-77-2